少年读经典史籍

少年读史记

李　楠　主编

民主与建设出版社

·北京·

图书在版编目（CIP）数据

少年读史记 / 李楠主编 . -- 北京：民主与建设出版社，2020.7

（少年读经典史籍；1）

ISBN 978-7-5139-3072-7

Ⅰ . ①少… Ⅱ . ①李… Ⅲ . ①中国历史－古代史－纪传体②《史记》－少年读物 Ⅳ . ① K204.2-49

中国版本图书馆 CIP 数据核字（2020）第 102518 号

少年读史记
SHAONIAN DU SHIJI

主　　编	李　楠
责任编辑	刘树民
总 策 划	李建华
封面设计	黄　辉
出版发行	民主与建设出版社有限责任公司
电　　话	（010）59417747　59419778
社　　址	北京市海淀区西三环中路 10 号望海楼 E 座 7 层
邮　　编	100142
印　　刷	三河市燕春印务有限公司
版　　次	2020 年 8 月第 1 版
印　　次	2020 年 8 月第 1 次印刷
开　　本	850mm × 1168mm　1/32
印　　张	5 印张
字　　数	128 千字
书　　号	ISBN 978-7-5139-3072-7
定　　价	198.00 元（全六册）

注：如有印、装质量问题，请与出版社联系。

《史记》是西汉著名史学家司马迁撰写的中国历史上第一部纪传体通史，被列为二十四史之首，记载了上至上古传说中的黄帝时代，下至汉武帝元狩元年间共3000多年的历史。与后来的《汉书》、《后汉书》、《三国志》合称“前四史”。

司马迁（公元前145～公元前90年），字子长，夏阳（今陕西韩城南）人，一说龙门（今山西河津）人。伟大的史学家、文学家、思想家。司马谈之子，任太史令，因替李陵败降之事辩解而受宫刑，后任中书令。发奋继续完成所著史籍，被后世尊称为史迁、太史公、历史之父。

《史记》全书包括十二本纪（记历代帝王政事）、三十世家（记诸侯国和汉代诸侯、勋贵兴亡）、七十列传（记重要人物的言行事迹，主要叙人臣，其中最后一篇为自序）、十表（大事年表）、八书（记各种典章制度记礼、乐、音律、历法、天文、封禅、水利、财用），共一百三十篇，五十二万六千五百余字。

《史记》对后世史学和文学的发展都产生了深远影响。其首创的纪传体编史方法为后来历代“正史”所传承。同时，《史记》还被认为是一部优秀的文学著作，在中国文学史上有重要地位，被鲁迅誉为“史家之绝唱，无韵之《离骚》”，有很高的文学价值。刘向等人认为此书“善序事理，辩而不华，质而不俚”。

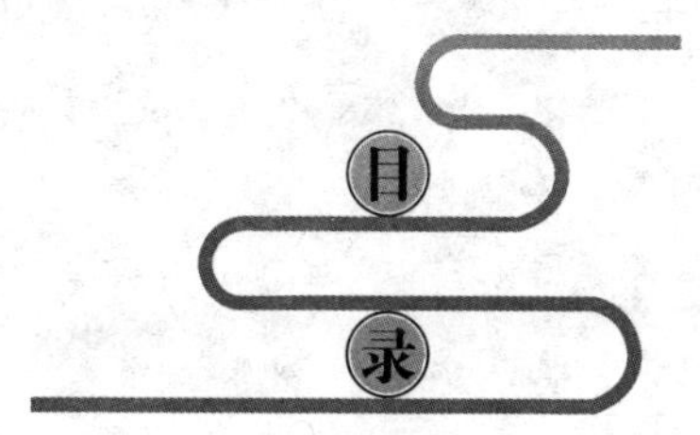

本　纪

世　家

列　传

本纪

五帝本纪

原　文

帝尧者，放勋[①]。其仁如天，其知如神。就之如日，望之如云。富而不骄，贵而不舒[②]。黄收纯衣[③]，彤车乘白马。能明驯德[④]，以亲九族[⑤]。九族既睦，便章百姓[⑥]。百姓昭明[⑦]，合和万国。

注　释

①帝尧者，放勋：帝号曰“尧”，名“放勋”，国号曰“陶唐”。

②舒：放纵，恣意而行。

③收：冕名，其色黄，故曰“黄收”。纯衣：即“缁衣”，黑衣。纯，读曰“缁”。

④驯德：顺天应人的美德。驯，同“顺”。

⑤九族：泛指自己的宗族与外戚。

⑥便章：也作“辨章”，治理的

▲帝　尧

意思。百姓：这里指百官。

⑦昭明：指各自的权利、职责、义务分明。

译文

帝尧，名放勋。他的仁德有如苍天，覆盖大地；他的智慧有如神灵，无所不晓。人们对他的归附，如同葵花向阳；人们对他的企盼，有如大旱之望云雨。他富有而不骄奢，他尊贵而不放纵。他戴着黄色的帽子，穿着黑色的衣裳，坐着红色的车子，拉车的都是白马。他有顺天应人的美德，能使自己的九族亲善。九族亲善后，便进一步治理朝廷百官。等到朝廷百官的职分明确且又各司其职，再进一步使天下万国都变得融洽和睦。

原文

乃命羲、和[1]，敬顺昊天，数法[2]日月星辰，敬授民时。分命[3]羲仲，居郁夷[4]，曰旸谷[5]。敬道[6]日出，便程东作[7]。日中，星鸟[8]，以殷中春。其民析[9]，鸟兽字微[10]。申命[11]羲叔，居南交[12]，便程南为，敬致。日永，星火[13]，以正中夏。其民因[14]，鸟兽希革[15]。申命和仲，居西土，曰昧谷[16]。敬道日入，便程西成。夜中，星虚[17]，以正中秋。其民夷易[18]，鸟兽毛毨[19]。申命和叔，居北方，曰幽都[20]，便在伏物[21]。日短，星昴[22]，以正中冬。其民燠[23]，鸟兽氄毛[24]。岁三百六十六日，以闰月正四时。信饬百官[25]，众功皆兴。

注释

①羲、和：羲氏与和氏的并称。尧命羲仲、羲叔、和仲、和叔分驻四方，观天象，制历法。

②数法：遵循，推算。

③分命：分派，派出。

④郁夷：今山东半岛一带。

⑤旸谷：也作“汤谷”，相传为日出之处。

⑥道：同“导”，引导。

⑦便程：分派，布置。东作：春天的农事活动。

⑧鸟：鸟星，即“七星”，也单称为“星”，是“二十八宿”中的东方“七宿”之一。

⑨析：分散。指分散到田野上进行农业劳动。

⑩字：乳也，谓产子、哺乳。微：同“尾”，交尾。

⑪申命：任命时予以告诫。

⑫南交：南方的交阯。

⑬火：也称“大火”，即心宿，是“二十八宿”中的南方“七宿”之一。

⑭因：就。指老弱到田中帮助丁壮务农。

⑮革：改变。

⑯昧谷：神话中的日落之处。

⑰虚：星名，为“二十八宿”中的西方“七宿”之一。

⑱夷易：平和、快乐的样子，言其为秋收而喜悦也。

⑲毨：理。指毛再生整理。

⑳幽都：北方的阴气聚集之地。

㉑便在：意同“便程”。伏：储藏。

㉒昴：星名，是“二十八宿”中的北方“七宿”之一。

㉓燠：暖。此指保暖之衣，或曰保暖之室。

㉔氄毛：细毛。

㉕信：同“申”，申明条例、申明纪律。饬：约束，整顿。

译文

帝尧任命羲、和主管天文，让他们遵循上天的法则，考察日月星辰运行的规律，制定历法，告诉人们播种与收获的时节。他分派羲仲居住在郁夷的旸谷。让他虔敬地迎接东方升起的太阳，并督促黎民准备春耕生产。羲仲根据白天和黑夜的时间等长，而鸟星出现在正南方，确定这一天叫“春分”。这时人们都走向田野，忙于播种；各种鸟兽交尾繁殖。帝尧任命羲叔住在南方的交阯，让他督管南方民众的农事活动。羲叔根据白天的时间最长，而心宿出现在正南方，确定这一天为“夏至”。这时正是夏忙，老幼都到田里劳动，鸟兽的羽毛变得稀少。帝尧任命和仲到西部边极的昧谷，在那里敬送太阳下山，主管秋季收获的劳作。和仲根据白天和黑夜等长，而虚星位处正南，便确定这一天是“秋分”。这时候，人们的心情平和愉悦，鸟兽即将换毛。帝尧任命和叔住在北方的阴气聚集之地，督促人们的收藏。和叔根据这时的白昼最短，而昴星出现在正南方，确定这一天为“冬至”。这时人们穿的衣服很多，鸟兽也长了厚厚的羽毛。帝尧确定以三百六十六日为1年，其中设置闰月，以使四时不至于错位。在帝尧的严格要求下，百官各尽其责，于是各方面都呈现一派兴旺发达的景象。

原　文

尧曰：“谁可顺①此事？”放齐曰：“嗣子丹朱开明。”尧曰：“吁！顽凶②，不用。”尧又曰：“谁可者？”讙兜③曰：“共工旁聚布功④，可用。”尧曰：“共工善言，其用僻⑤，似恭漫天，不可。”尧又曰：“嗟，四岳⑥，汤汤⑦洪水滔天，浩浩怀山襄陵⑧，下民其忧，有能使治者？”皆曰鲧⑨可。尧曰：“鲧负命毁族⑩，不可。”岳曰：“异哉，试不可用而已。”尧于是听岳用鲧。九岁，功用⑪不成。

注释

①顺：循，继承。

②顽凶：既愚顽又凶狠。或曰“凶”同“讼”，争讼。

③讙兜：尧的大臣，为后文所称的“四凶”之一。

④共工：尧的大臣，水官，为后文所称的“四凶”之一，与“怒触不周山，天柱折，地维绝”的共工非一人。旁：同“溥”“普”。

⑤用：行事，实践。僻：邪恶。

⑥四岳：四方的诸侯之长。

⑦汤汤：水势浩大的样子。

⑧怀：包围。襄：上，意即淹没。

⑨鲧：尧臣，禹的父亲。

⑩负命毁族：违抗命令，伤害同僚。负，背，违。族，类，同伙。

⑪用：因。

译文

帝尧问群臣说：“谁可以继承我的事业？”放齐说：“你的长子丹朱英明通达，可以继承。”帝尧说：“哼，这孩子既愚顽又凶狠，不能用。”又问：“谁可以继承呢？”讙兜说：“共工能调集人力，兴办事业，可以继承此位！”帝尧说：“共工好夸夸其谈，做事不循正道，貌似虔敬而实则傲慢，不能用。”帝尧又问四方的诸侯之长：“嗨，你们四位诸侯之长，如今洪水滔天，包围着高山、淹没了丘陵，黎民百姓都为此忧伤，你们说说，谁能担此治水的重任？”四方诸侯之长都说鲧可以任用。帝尧说：“鲧常违抗命令、伤害同僚，不能用。”四位诸侯长说：“不会吧，他似乎不像你说的那样。先试试吧，不行再撤换。”帝尧于是只好听从他们的话，试着用鲧治水。结果治水九年，一无所成。

原　文

尧曰："嗟！四岳，朕在位七十载，汝能庸[①]命，践朕位？"岳应曰："鄙德忝帝位[②]。"尧曰："悉举贵戚及疏远隐匿者。"众皆言于尧曰："有矜[③]在民间，曰虞舜。"尧曰："然，朕闻之，其何如？"岳曰："盲者子。父顽[④]，母嚚[⑤]，弟傲[⑥]，能和以孝，烝烝治[⑦]，不至奸[⑧]。"

注　释

①庸：用。

②鄙德：犹言"德鄙"，品德不高。鄙，粗野。忝：辱，辱没。

③矜：同"鳏"，老而无妻。

④顽：心不则德义之经为顽。

⑤嚚：口不道忠信之言为嚚。

⑥弟傲：舜之弟名"象"，为人狂傲。

⑦烝烝：温厚善良的样子。治：劝导使其自治。

⑧奸：干，抵触，冒犯。

译　文

帝尧说："喂，几位诸侯长，我在位七十年了，你们谁能顺应天命，继承我的帝位呢？"四位诸侯长说："我们的品德微薄，不敢辱没帝位。"帝尧说："你们也可以从在朝的亲贵或远方的隐士当中推荐。"于是大家都说："民间有个鳏夫，名叫虞舜。"帝尧说："对，我听说过，这人怎样？"诸侯长们说："他是一个盲人的儿子。他的父亲不讲德义，他的母亲不讲忠信，他的弟弟狂傲无礼，但他仍能凭借孝顺、友爱和他们共处，用温厚善良感化他们，而不和他们起冲突。"

原　文

尧曰："吾其试哉。"于是尧妻之二女[①]，观其德于二女。舜饬下二女于妫汭[2]，如妇礼。尧善之，乃使舜慎和五典[3]，五典能从。乃遍入百官，百官时[4]序。宾[5]于四门，四门穆穆[6]，诸侯远方宾客皆敬。尧使舜入山林川泽，暴风雷雨，舜行不迷。尧以为圣，召舜曰："女谋事至而言可绩[7]，三年矣，女登帝位。"舜让于德不怿[8]。正月上日[9]，舜受终于文祖[10]。文祖者，尧大祖[11]也。

注释

①二女：即娥皇、女英。

②饬：训教，告诫。妫汭：妫水入黄河的河口，舜的老家之所在，在今山西永济境内。

③慎和：谨慎地制定并付诸实行。五典：也称"五常"，指"父子有亲，君臣有义，夫妇有别，长幼有序，朋友有信"。

④时：是，因此。

⑤宾：用如动词，迎宾，礼宾。

⑥穆穆：喜悦、心服的样子。

⑦绩：考查。

⑧让于德：推让说自己的德行不够。不怿：不乐，因感力不胜任。

⑨正月上日：正月初一。上日，朔日。或曰"上日"谓上旬吉日。

⑩受终：本意应该是指"接受禅让"，但这里实际是指接受"摄政"之权。文祖：此指文祖之庙。

⑪大祖：即太祖。大，同"太"。

译文

帝尧说："那就先让我考验考验他。"于是尧把自己的两个女儿嫁给舜做妻子，通过这两个女儿来观察舜的德行。舜打发这两个女人回家侍奉公婆，这两个女人都能在舜家恪守妇道。尧认为舜做得很好，就让舜认真地制定"五常"之规，百姓都能遵从。于是又让他入朝治理百官，百官因而能各居其位，各司其职。又让他接待四方来宾，四方来宾都喜悦心服，各地的诸侯、使臣、宾客都恭敬有礼。尧让舜视察山川水泽，正好遇到暴风雨，舜竟能不迷路。尧认为舜确实很圣明，便把他叫回来对他说："你办事很成功，说到做到，三年来很有成绩，你可以登天子之位了。"舜推辞自己的德行不够，深感不能胜任。正月初一，舜不得已终于在文祖庙接受了尧的禅让。文祖，就是尧的太祖。

原文

讙兜进言共工，尧曰："不可。"而试之工师[①]，共工果淫辟[②]。四岳举鲧治鸿水，尧以为不可，岳强请试之，试之而无功，故百姓不便。三苗[③]在江淮、荆州数为乱。于是舜归而言于帝，请流共工于幽陵[④]，以变北狄[⑤]；放讙兜于崇山[⑥]，以变南蛮[⑦]；迁三苗于三危[⑧]，以变西戎[⑨]；殛鲧于羽山[⑩]，以变东夷[⑪]：四罪[⑫]而天下咸服。

注释

①工师：主管土木建筑的官员。

②淫辟：骄纵，邪恶。

③三苗：古代的少数民族名，生活在今湖南一带，其先祖不一，故称"三苗"。

④流：迁，发配。幽陵：北部边裔的都城，约当今之北京密云。

⑤以变北狄：使其逐渐同化北方的少数民族，也就是起一种抵御北方民族入侵的作用。

⑥崇山：具体方位不详，约当今之越南北部一带。

⑦南蛮：泛称南方的少数民族。

⑧三危：山名，在今甘肃敦煌东南。

⑨西戎：泛称西部的少数民族。

⑩殛：诛。这里是"流放"的意思。羽山：东部边地的山名，约在今

山东临沂一带。

⑪东夷：泛称东部地区的少数民族。

⑫罪：被治罪。

▲舜 帝

讙兜举荐共工为继承人，尧说："不行。"让他试任工师之职，共工果然骄纵邪恶。四岳举荐鲧治理洪水，尧认为他不合适，四岳一再请求试用，结果一无所成，使黎民大受其害。后来又有三苗在江淮、荆州一带多次作乱。于是舜巡视归来向尧建议，请求把共工流放到幽陵，让他去改造北方的少数民族；把讙兜流放到崇山，让他去改变南蛮的风俗；把三苗迁往三危，去改变西戎的风俗；把鲧发配到羽山，让他去改变东夷的风俗。如此惩办了这四个罪人，天下人都感到心服。

原 文

尧立七十年得舜，二十年而老，令舜摄行天子之政，荐之于天。尧辟位凡二十八年而崩[①]。百姓悲哀，如丧父母。三年，四方莫举乐，以思尧。尧知子丹朱之不肖，不足授天下，于是乃权授舜[②]。授舜，则天下得其利而丹朱病；授丹朱，则天下病而丹朱得其利。尧曰："终不以天下之病而利一人。"[③]而卒授舜以天下。尧崩，三年之丧毕，舜让辟丹朱于南河之南[④]。诸侯朝觐者不之丹朱而之舜[⑤]，狱讼者不之丹朱而之舜，讴歌者不讴歌丹朱而讴歌舜。舜曰："天也。"夫而后之中国践天子位焉[⑥]，是为帝舜。

注 释

①辟位：避位，退位。凡二十八年而崩：据文意，是舜"摄政"二十八年，尧始崩。此与后文所述不同，详见后。

②权授舜：此以封建社会的制度推测远古。权，变通。

③“授舜”至“终不以天下”六句不见于古书，乃太史公所自增，可见其社会理想。

④让辟：动词连用，让位于人而己回避之。

⑤朝觐：指诸侯进京朝见天子。春见曰“朝”，秋见曰“觐”。

⑥之中国：由“南河之南”进入京城。中国，一国之中心，即首都。

译文

尧在位七十年得到舜，二十年后退位，让舜代行天子之政，把舜推荐给上天。尧退位二十八年后去世。去世时百姓哀痛得就像死了父母。为了悼念帝尧，天下四方三年之内不演奏音乐。尧知道自己的儿子丹朱不成材，不足以把天下交给他，因而采用变通的做法，把天下交给了舜。交给舜可使天下人得利而只对丹朱一人不利；交给丹朱则对天下人不利而只对丹朱一人有利。尧说：“怎么着也不能让天下人受害而让一个人得利。”于是毅然地将天下交给了舜。尧死后，三年守丧结束，为了让位给丹朱，舜躲避到了黄河的南边。可是前来朝贡的诸侯们都不去丹朱那里而到舜这边来；打官司的都不去找丹朱而去找舜；唱颂歌的不歌颂丹朱而歌颂舜。舜说：“这是天意啊！”于是回到京师即天子之位，这就是帝舜。

原文

舜，冀州之人也。舜耕历山，渔雷泽，陶河滨，作什器于寿丘[①]，就时于负夏[②]。舜父瞽叟顽，母嚚，弟象傲，皆欲杀舜。舜顺适不失子道[③]，兄弟孝慈。欲杀，不可得；即求，尝[④]在侧。

注释

①什器：各种生活、劳动用品。

②就时：犹逐时，乘时射利，即做买卖。

③顺适：顺从。

④尝：同“常”。

译文

舜是冀州人士。舜曾在历山种田，在雷泽捕鱼，在黄河边上制作陶器，在寿丘制造各种生产生活用品，还在负夏从事过商业活动。他的父亲瞽叟不讲道义，后母不讲忠信，弟弟象傲慢无礼，都想杀死舜。而舜则顺应父母心意，不失为子之道，对那个狠毒狂傲的弟弟也很友善。他们想杀他，找不到借口；想找他，他又总是就在他们的身边。

原文

舜年二十以孝闻。三十而帝尧问可用者，四岳咸荐虞舜，曰可。于是尧乃以二女妻舜以观其内，使九男与处以观其外。舜居妫汭，内行弥谨[①]。尧二女不敢以贵骄事舜亲戚[②]，甚有妇道；尧九男皆益笃。舜耕历山，历山之人皆让畔[③]；渔雷泽，雷泽上人皆让居[④]；陶河滨，河滨器皆不苦窳[⑤]。一年而所居成聚，二年成邑，三年成都[⑥]。尧乃赐舜絺衣[⑦]，与琴，为筑仓廪[⑧]，予牛羊。瞽叟尚复欲杀之，使舜上涂廪[⑨]，瞽叟从下纵火焚廪。舜乃以两笠自扞而下[⑩]，去，得不死。后瞽叟又使舜穿井，舜穿井为匿空旁出[⑪]。舜既入深，瞽叟与象共下土实井，舜从匿空出，去。瞽叟、象喜，以舜为已死。象曰：“本谋者象[⑫]。”象与其父母分。于是曰：“舜妻尧二女与琴，象取之；牛羊仓廪予父母。”象乃止舜宫居[⑬]，鼓其琴。舜往见之，象鄂不怿[⑭]，曰：“我思舜正郁陶[⑮]！”舜曰：“然，尔其庶矣[⑯]！”舜复事瞽叟爱弟弥谨。于是尧乃试舜五典百官，皆治。

注释

①内行：在家族以内的行为表现与其处理事务的能力。

②亲戚：这里指公婆。

③畔：田界。

④上：应作“之”。

⑤不苦窳：精致，结实。苦窳，粗劣，易坏。

⑥聚：村落。邑：市镇。都：都城。

⑦絺衣：细葛布做的衣裳，在当时很贵重。

⑧仓：粮仓。廪：上有篷顶的粮仓。

⑨涂廪：用泥抹粮仓上的屋顶。

⑩扞：同“捍”，防护。

⑪匿空：秘密通道。匿，藏，不使人知。空，孔。旁出：从旁边通向地面。

⑫本谋：主谋。

⑬止：这里指居住。宫：屋舍。

⑭不怿：不高兴。这里指尴尬的样子。

⑮郁陶：伤心痛苦的样子。

⑯庶：可以，足够。

译文

舜从二十岁就以孝顺出名。三十岁时尧问谁可以继天子之位，四岳全都举荐舜，说他可以继承帝位。于是帝尧就将自己的两个女儿嫁给了舜，以观察舜治家的能力；又让他的九个儿子与他交往，以观察他处理外部事务的能力。舜家住在妫汭，舜在家族内部的表现非常严谨。尧的两个女儿都不敢因出身高贵而在舜的家中稍有怠慢，表现得很守妇道；尧的九个儿子也变得愈发稳重厚道。舜在历山务农时，历山的人从来没有地界纠纷；舜在雷泽捕鱼，泽中的渔民常互相谦让住处；舜在河边制陶，河边的陶器从不出次品。舜在哪里住上一年，那里就会形成村落；住上两年，那里就成了市镇；住上三年，那里就成了都城。尧赐给舜上等布衣一套、琴一把，并且为他修建了粮仓，还送给他一些牛羊。可是瞽叟还是总想置舜于死地，他让舜到仓顶上抹泥，而他却在底下放火。舜撑开两个斗笠从上面跳了下来，没有被烧死。后来瞽叟又让舜去挖井，舜预先在井中挖了个秘密通道。待至井挖深了，瞽叟和象便一齐往井里填土，舜早从秘密通道逃走了。瞽叟与象挺高兴，以为舜已死了。象说："这个主意是我想出来的。"他与父母瓜分舜的财产，说："舜的两个妻子和那把琴归我，牛羊和粮仓归父母。"象于是住进了舜的房子，弹琴取乐。舜回来后去见他，象既惊愕，又尴尬，他说："我正在想你想得很伤心呢！"舜说："是啊，你我的兄弟情谊很不错啊！"事后，舜侍奉父亲依然恭谨，对待弟弟依然友爱。于是尧就试着让舜制定五典，教化民众，治理百官，舜都做得很好。

原文

昔高阳氏有才子八人[①]，世得其利，谓之"八恺"。高辛氏有才子八人，世谓之"八元"。此十六族者，世济其美[②]，不陨其名[③]。至于尧，尧未能举。舜举"八恺"，使主后土[④]，以揆百事[⑤]，莫不时序[⑥]。举"八元"，使布五教于四方[⑦]，父义，母慈，兄友，弟恭，子孝，内平外成[⑧]。

注释

①才子：成材的人。

②济：达到，成就。

③陨：落。

④后土：即指土，大地。

⑤揆：观察，忖度。这里即指治理。

⑥时序：承顺。

⑦五教：即前所谓"五常"。

⑧内：诸夏。外：夷狄。

译文

当年高阳氏有八位有才能的人，替世人做了许多好事，人们称他们为“八恺”。高辛氏有八个有才能的人，世人称他们为“八元”。这十六个家族，世世代代都能保持他们的美德，没有辱没他们先人的名声，一直到尧的时代仍是如此，但尧却没有起用他们。于是舜起用“八恺”，让他们主管大地上的水利、农作诸事，结果他们都管理得井井有条。舜同时任用“八元”，让他们主管国家的教育、教化，结果整个社会变得为父者义、为母者慈、为兄者友、为弟者恭、为子者孝，于是国内太平，四周的夷狄向化。

原文

昔帝鸿氏有不才子[①]，掩义隐贼[②]，好行凶慝[③]，天下谓之浑沌[④]。少皞氏有不才子[⑤]，毁信恶忠，崇饰恶言，天下谓之穷奇。颛顼氏有不才子，不可教训，不知话言[⑥]，天下谓之梼杌。此三族世忧之。至于尧，尧未能去。缙云氏有不才子[⑦]，贪于饮食，冒于货贿[⑧]，天下谓之饕餮。天下恶之，比之三凶。舜宾于四门，乃流四凶族，迁于四裔，以御螭魅。于是四门辟[⑨]，言毋凶人也[⑩]。

注释

①帝鸿氏：指黄帝之族。

②掩义隐贼：掩蔽仁义，包庇奸贼。“掩”亦可训为“袭击”。

③凶慝：凶邪。

④浑沌：即讙兜。

⑤少皞氏：也作“少昊”。

⑥话言：谓善言。

⑦缙云氏：姜姓，炎帝之苗裔。

⑧冒：没，沉溺，其他皆所不顾。

⑨四门辟：四门大开，言其太平无事之状。

⑩毋：通“无”。

从前帝鸿氏有个不成材的子弟，他袒护坏人，行凶作恶，人们管他叫浑沌。少皞氏有个不成材的子弟，他妒能忌贤，诽谤他人，粉饰错误，人们管他叫穷奇。颛顼氏有个不成材的子弟，他不知好歹，不懂人话，无法教育，人们管他叫梼杌。这三个家族成为世人的祸患。到尧的时代，尧未能把他们除掉。缙云氏有个不成材的子弟，好吃好喝，贪污受贿，天下人管他叫饕餮。大家都讨厌他，认为他与前面“三凶”没有什么两样。舜为了敞开国都四门以迎接四方贤者，就将这四个凶顽的家族流放到了边远的地方，让他们去抵御远方的妖魔鬼怪。从此国都的四门大开，因为国内已经没有为非作歹的坏人了。

原　文

舜入于大麓[①]，烈风雷雨不迷，尧乃知舜之足授天下。尧老，使舜摄行天子政，巡狩。舜得举用事二十年，而尧使摄政。摄政八年而尧崩[②]。三年丧毕，让丹朱，天下归舜。而禹、皋陶、契、后稷、伯夷、夔、龙、倕、益、彭祖[③]，自尧时而皆举用，未有分职。于是舜乃至于文祖，谋于四岳，辟四门，明通四方耳目。命十二牧论帝德[④]，行厚德，远佞人[⑤]，则蛮夷率服[⑥]。

注　释

①麓：山脚。这里指深山。

②摄政：统领政事。

③禹：鲧之子，因治水有功，受舜禅让为帝。皋陶：舜时掌刑狱的大臣。契：舜时掌教化的官，商朝的祖先。后稷：名弃，舜时掌管农事的

官，周朝的祖先。伯夷：舜时掌礼的官，与周初之饿死首阳山者同名。夔：舜时主乐的官。龙：舜时的谏官。倕：舜时主管建筑的官。益：也称“伯益”“伯翳”“大业”，秦国的祖先。

④十二牧：十二州的州长。论帝德：弘扬帝尧之德。论，阐发，光大。

⑤佞人：以甜言蜜语取悦于人者。

⑥率服：相率来归顺。

译文

由于舜能进入深山遇暴风雨而不迷路，因而尧知道舜是个贤才，可以将天下交给他。尧退位后，让舜代行天子之政，让舜出外巡视。舜被选拔任职二十年后代尧摄政，摄政八年后尧去世。三年守丧结束，舜退让天子之位与丹朱，但天下人心都归向舜。当时禹、皋陶、契、后稷、伯夷、夔、龙，倕、益、彭祖等人，虽从帝尧时代就被选拔任用，但却始终没有明确的职务分工。于是舜把四方的诸侯之长召集到文祖庙与他们商量，同时敞开京城的四门，广迎四方贤人，广泛听取各方面的意见。舜让十二州的州长发扬光大帝尧之德，让他们广施仁政，不要靠近那花言巧语的小人，只有这样才能让四方的蛮夷都来归服。

原文

此二十二人咸成厥功：皋陶为大理[①]，平，民各伏得其实[②]；伯夷主礼，上下咸让；倕主工师，百工致功；益主虞，山泽辟；弃主稷，百谷时茂；契主司徒，百姓亲和；龙主宾客[③]，远人至；十二牧行而九州莫敢辟违[④]；唯禹之功为大，披九山[⑤]，通九泽，决九河[⑥]，定九州，各以其职来贡[⑦]，不失厥宜。方五千里，至于荒服[⑧]。南抚交阯、北发[⑨]，西戎、析枝、渠廋、氐、羌[⑩]，北山戎、发、息慎[⑪]，东长、鸟夷[⑫]，四海之内咸戴帝舜之功[⑬]。于是禹乃兴《九招》之乐[⑭]，致异物，凤皇来翔。天下明德皆自虞帝始[⑮]。

注　释

①大理：官名，全国最高的司法官。

②伏：通“服”，谓被定罪者皆内心服气。

③龙主宾客：龙为“纳言”，求见舜者必须首先通过龙，故曰“龙主宾客”。

④九州：华夏原称“九州”，其长官也只有“九牧”；后又增三州为“十二州”，故其长官也就成了“十二牧”。此处“十二”与“九”错落使用。辟：邪恶。违：抗命。

⑤披：通“劈”。九山：极言为泄导洪水所开凿的山岭之多。

⑥决：疏通。

⑦职：责任，也就是按照本州地形与物产应向朝廷进献的贡品。

⑧方五千里，至于荒服：此指当时整个华夏的疆域。古称自天子王畿向四周辐射，“五百里甸服，五百里侯服，五百里绥服，五百里要服，五百里荒服”，按直径计算，即五千里。

⑨交阯：也作“交趾”，其首府即今越南河内市。北发：即“北向户”，指广东、广西南部之北回归线以南、窗户向北开的地方。

⑩西戎、析枝、渠廋、氐、羌：“西”下省“抚”字。戎、析枝、渠廋、氐、羌，都是西部的少数民族名，大约生活在今陕西西部、四川西北部与甘肃、青海一带地区。

⑪北山戎、发、息慎：“北”下亦省“抚”字。山戎、发、息慎，都是当时东北地区的少数民族名。

⑫东长、鸟夷：意即东抚长夷、鸟夷。鸟夷也作“岛夷”。这些指当时东部大海中的岛国名。

⑬咸：全，都。戴：拥戴，拥护。

⑭于是禹乃兴《九招》之乐：“禹”字疑当作“夔”，叙禹于诸臣之后者，以禹功最大。而太乐之作，所以告成功，故又叙夔于禹之后。《九

招》，同“《九韶》”，相传为舜时所作的古乐名。

⑮明德：兼指崇高的道德与圣明的政治。

译文

以下这人在功业上都各有建树：皋陶当法官，司法公平，被定罪的人都很服气；伯夷主管礼仪，朝廷上下无不礼让；倕主管土木建筑及各种手工制作，各种工艺都很精致；益主管林牧，山林水泽的资源得到了开发；弃主管农业，各种谷物都种得及时，长得茂盛；契主管政教，百姓都亲爱和睦；龙主管接待宾客，远方的人都来朝拜；十二州牧奉法行事没有一个敢为非作歹；在这当中禹的功劳最大，他开凿九山以泄洪水，他疏导了九州的湖泊，疏通了九州的江河，划定了九州的疆界，并规定了各州对朝廷的贡物，没有一处不妥当。从中央王朝的方圆五千里，直至四方的边荒之地，南抚交阯、北发，西抚西戎、析枝、渠廋、氐、羌，北抚山戎、发、息慎，东抚长夷、鸟夷，四海之内都称颂舜的功业。于是禹（或曰夔）创作了《九韶》之乐，各种祥瑞之物闻声而至，连凤凰也会降临，随着乐声飞舞。天下理想的政德就是从虞舜开始的。

原文

舜年二十以孝闻，年三十尧举[①]之，年五十摄行天子事，年五十八尧崩，年六十一代尧践帝位。践帝位三十九年，南巡狩，崩于苍梧之野[②]，葬于江南九嶷[③]，是为零陵[④]。

注释

①举：举荐，提拔。

②苍梧：汉郡名，郡治广信，即今广西梧州。

③九嶷：山名，在今湖南宁远南，因山有九峰皆相似，故称“九嶷”。

④零陵：汉郡名，郡治在今广西兴安北。九嶷山正处于当时苍梧郡与

零陵郡的交界处。

译文

舜从二十岁时因孝顺而闻名天下，三十岁时被尧选拔任用，五十岁时代行天子之权，舜五十八岁时尧崩，六十一岁代尧即天子位。舜在帝位三十九年，到南方巡视，死在苍梧郡的郊野，葬在了长江以南的九嶷山，也就是后来的零陵郡。

周本纪

原文

武王即位，太公望为师[①]，周公旦为辅，召公、毕公之徒左右王[②]，师修文王绪业[③]。

注释

①师：官名，又称太师，帝王的辅导官。

②左右：通“佐佑”，辅佐。

③师修：动词连用，意即遵循。

译文

武王即位后，任命太公望做太师，周公旦做宰辅，召公、毕公这些人在左右辅佐他，承继文王遗留下来的事业。

▲武　王

原文

九年[①]，武王上祭于毕[②]。东观兵[③]，至于盟津。为文王木主，载以车中军[④]。武王自称太子发，言奉文王以伐[⑤]，不敢自专。乃告司马、司徒、司空、诸节[6]："齐栗[7]，信哉！予无知，以先祖有德臣，小子受先功[8]，毕立赏罚，以定其功。"遂兴师。师尚父号曰："总尔众庶[9]，与尔舟楫，后至者斩。"武王渡河，中流，白鱼跃入王舟中，武王俯取以祭。既渡，有火自上复于下[10]，至于王屋[11]，流为乌，其色赤，其声魄云。是时，诸侯不期而会盟津者八百。诸侯皆曰："纣可伐矣。"武王曰："女未知天命，未可也。"乃还师归。

注释

①九年：武王即位之第九年（公元前1048年）。有人谓此指"文王受命"之第九年者，似不足取。

②武王上祭于毕：指往祭文王墓。

③观兵：显示武力，即今之所谓"示威"。

④载以车中军：语略不顺，泷川引桃源说作"载以居中军"，比较明畅。

⑤"武王"二句：正因此，后人遂称周朝开国之王为文王与武王二人。

⑥司马：官名，掌军政。司徒：官名，掌土地和役徒。司空：官名，掌工程营建。诸节：指接受任命的各种官员。

⑦齐栗：迅捷，戒惧。

⑧小子：谦辞，自己。

⑨总：集合。

⑩复：通"覆"，覆盖。

⑪王屋：指武王所居之屋。

译文

周武王九年，武王到文王的墓地毕举行祭祀。又到东方显示武力，到达了盟津。做了文王的灵牌，用车载着供在中军帐中。武王自称为太子发，说是奉行文王的旨意来讨伐，不敢自行专断。于是诏告司马、司徒、司空、诸节各官："大家都要迅捷恭敬，切实努力！我是无知的人，但因为我的先祖是有德行的大臣，所以我承继了先人的功业，已确立了各种赏罚制度，来确保功业的建立。”于是起兵。姜尚发布号令道：“集合起你们的民众，整理好你们的船只，迟到者斩。”武王渡黄河，船到河流中间，有条白鱼跃入武王的船中，武王俯身拾取用以祭祀。渡过黄河后，有一团火从上覆盖而下，一直到达武王居住的房屋，变为乌鸦，它的颜色是红色的，发出“叭”的一声。这时，未经过事先约定而到达盟津参加盟会的有八百位诸侯。诸侯都说：“可以讨伐纣王了。”武王说：“你们不了解上天的意图，还不可以讨伐。”就班师回去了。

原文

居二年，闻纣昏乱暴虐滋甚，杀王子比干，囚箕子。太师疵、少师疆抱其乐器而奔周[①]。于是武王遍告诸侯曰：“殷有重罪，不可以不毕伐[②]。”乃遵文王，遂率戎车三百乘[③]、虎贲三千人[④]、甲士四万五千人，以东伐纣。十一年[⑤]十二月戊午，师毕渡盟津，诸侯咸会，曰：“孳孳无怠[⑥]！”武王乃作《太誓》[⑦]，告于众庶：“今殷王纣乃用其妇人之言[⑧]，自绝于天，毁坏其三正[⑨]，离逷其王父母弟[⑩]；乃断弃其先祖之乐，乃为淫声，用变乱正声[⑪]，怡说妇人。故今予发维共行天罚[⑫]，勉哉夫子[⑬]，不可再，不可三！”

注释

①太师：官名，乐工之长。少师：官名，乐官太师之佐。

②毕：迅速。

③戎车：兵车。

④虎贲：即勇士。

⑤十一年：相当于公元前1046年。

⑥孳孳：同“孜孜”，勤勉的样子。

⑦《太誓》：即《泰誓》，周武王伐纣前大会诸侯的誓师词。

⑧妇人：指纣王的宠妃妲己。

⑨三正：旧注说法分歧，或指建子、建丑、建寅三种历法，或指天、地、人之正道，刘起釪以为是指商朝的主要大臣。

⑩离逷：又作“离逖”，疏远。王父母弟：同出自一个祖父母的兄弟。王父母，祖父祖母。

⑪“乃为”二句：古代以雅乐为正声，以俗乐为淫声。用，以。

⑫维：发语词。共行：恭敬地执行。共，通“恭”。

⑬夫子：男子汉，壮士。

译文

过了两年，听说纣王更加昏乱暴虐，杀了王子比干，囚禁了箕子。太师疵、少师彊就抱了他们的乐器逃奔到周国。武王因此遍告诸侯说：“殷朝犯下重大的罪过，必须不迅速进行讨伐。”于是遵照文王遗命，率领了三百乘兵车、三千名勇士，以及带甲的武士四万五千人，向东方去伐纣。十一年（公元前 1046 年）十二月戊午日，大军全部渡过盟津，各地诸侯都会集在一起，说：“大家要勤勉努力，不要懈怠！”武王于是写下《太誓》，向众人宣告道：“如今殷王纣居然听信妇人的言论，自己与上天断绝关系，残害那些重臣，疏远自己同祖父母的兄弟；居然抛弃先祖创制的乐曲，谱写淫乱的音调，以此扰乱雅声，讨得妲己的欢心。所以现在我姬发恭敬地执行上天的惩罚。努力呀，各位壮士，不可能有第二次机会，更不可能有第三次机会！”

原文

二月甲子昧爽①，武王朝至于商郊牧野②，乃誓。武王左杖黄钺③，右秉白旄④，以麾⑤，曰：“远矣，西土之人！”武王曰：“嗟！我有国冢君⑥，司徒、司马、司空，亚旅、师氏⑦，千夫长、百夫长⑧，及庸、蜀、羌、髳、微、纑、彭、濮人，称尔戈，比尔干，立尔矛，予其誓⑨。”王曰：“古人有言：‘牝鸡无晨。牝鸡之晨，惟家之索[10]。’今殷王纣维妇人言是用，自弃其先祖肆祀不答[11]；昏弃其家国[12]，遗其王父母弟不用，乃维四方之多罪逋逃是崇是长[13]，是信是使，俾暴虐于百姓，以奸轨于商国[14]。今予发维共行天之罚。今日之事，不过六步七步，乃止齐焉[15]，夫子勉哉！不过于四伐五伐六伐七伐[16]，乃止齐焉，勉哉夫子！尚桓桓[17]，如虎如罴，如豺如离[18]，于商郊，不御克奔，以役西土，勉哉夫子！尔所不勉，其于尔身有戮。”誓已，诸侯兵会者车四千乘，陈师牧野。

注释

①二月甲子昧爽：指武王十一年周历二月的甲子日拂晓。昧爽，黎明，拂晓。

②牧野：地名，在殷都朝歌（在今河南淇县）南七十里。

③左杖黄钺：左手杖钺，示有事于诛。杖，持。黄钺，以黄金饰斧。

④右秉白旄：右手把旄，示有事于教令。秉，握。旄，装饰以旄牛尾的旗。

⑤麾：通“挥”，晃动。

⑥有：通“友”。冢君：大君。即指下述“庸”“蜀”等八个西部古代部落的首领。

⑦亚旅、师氏：皆高级军官名。

⑧千夫长、百夫长：皆中下级军官名。

⑨“称尔戈”四句：称，举。比，排列。干，盾牌。其，将。

⑩索：尽，死光。

⑪肆祀：祭祀。答：报，报谢祖先的祭祀。

⑫昏弃：抛弃。

⑬逋：逃亡。

⑭奸轨：同“奸宄”，外来为奸，中出为宄。

⑮止齐：暂止而取齐。

⑯伐：击刺。

⑰桓桓：威武貌。

⑱离：同“螭”，古代传说中没有角的龙。

译文

周历二月的甲子日拂晓，武王很早来到商都郊外的牧野，举行了誓师大会。武王左手持饰有黄金的铜斧，右手握着白色牦牛尾装饰的旗子，用来指挥，说：“辛苦啦，远道而来的西方的人们！”武王说，“啊！我的友邦君主们，司徒、司马、司空，亚旅、师氏，千夫长、百夫长各位官员，以及庸、蜀、羌、髳、微、纑、彭、濮各国的人们，举起你们的长戈，排列好你们的盾牌，树起你们的长矛，你们听我宣誓。”武王说：“古人说过这样的话：‘母鸡是没有在黎明时啼叫的。如果哪家的母鸡在黎明时啼叫，那么这个人家就要灭绝了。’现在殷纣王只听信妇人的言论，自动废弃对他的先祖的祭祀，不答谢神灵；抛弃国家朝政，遗弃同出于一个祖父母的兄弟不加进用，对于那些从四方诸侯国逃亡到商国的罪人，推崇他们、尊敬他们、信任他们、任用他们，让他们来对百姓施加暴虐，让他们在商国为非作歹。如今我姬发恭敬地执行上天对商国的惩罚。今日战场出击不要超过六步、七步就停下来，把队伍整顿一下再继续推进。大家要努力啊！武器刺击敌人，少则四五下，多则六七下，就可以停下来整顿队伍继续前进。大家要努力啊！希望大家都勇往直前，像老虎像罴熊，像豺狼像螭蛟，在商都的郊外作战。不要迎击那些前来投降的殷国士兵，让他们给我们西方人服劳役。大家要努力啊！如果你们不努力，就会被处死。”宣誓完毕，诸侯的军队聚集在一起，兵车有四千乘，列阵于牧野。

原 文

帝纣闻武王来，亦发兵七十万人距武王①。武王使师尚父与百夫致师②，以大卒驰帝纣师③。纣师虽众，皆无战之心，心欲武王亟人。纣师皆倒兵以战，以开武王。武王驰之，纣兵皆崩畔纣。纣走，反入登于鹿台之上④，蒙衣其珠玉，自燔于火而死。武王持大白旗以麾诸侯，诸侯毕拜武王，武王乃揖诸侯，诸侯毕从。武王至商国⑤，商国百姓咸待于郊⑥。于是武王使群臣告语商百姓曰："上天降休⑦！"商人皆再拜稽首，武王亦答拜⑧。遂入，至纣死所。武王自射之，三发而后下车，以轻剑击之⑨，以黄钺斩纣头，县大白之旗⑩。已而至纣之嬖妾二女，二女皆经自杀。武王又射三发，击以剑，斩以玄钺，县其头小白之旗。武王已乃出复军。

注 释

①距：通"拒"，抵御。

②致师：即今所谓挑战。

③大卒：指武王的嫡系部队，主要指虎贲而言。驰：以战车冲击。

④鹿台：在当时的殷都朝歌城南，相传纣王在这里贮藏了大量珠玉钱帛。

⑤商国：商朝的国都，即朝歌。

⑥商国百姓：此指商朝之百官与各家贵族。

⑦降休：降下福祥。休，吉祥。

⑧武王亦答拜：据《逸周书·克殷解》，武王答拜的是诸侯，非答拜商人。

⑨轻剑：佩剑。

⑩县：通“悬”，悬挂。

译文

商纣王听说武王攻来，也派了七十万人的军队抵御武王。武王派姜尚率百名勇士挑战，让精锐部队以战车冲击纣王的军队。纣王的军队虽然人数众多，却没有斗志，心里希望武王迅速攻入殷国。纣王的军队都倒戈攻击己军，为武王开路。武王冲向殷军，纣王的军队四散奔逃，背叛纣王。纣王逃走，返回城中登上鹿台，穿上镶嵌有珍贵珠宝的衣服，自焚于火中而死。武王手持大白旗来指挥各地诸侯，诸侯们都向武王参拜，武王也作揖答谢诸侯，诸侯们都服从他。武王进入商都，商国的百官与各家贵族都在郊外迎接。于是武王派群臣告诉商国的百官与各家贵族说：“上天降下福祥！”商人们都再次跪拜叩头，武王也作了答谢回拜。接着就进城，到达纣王自焚的地方。武王亲自向纣王的尸体射箭，射了三箭以后下车，又用佩剑砍他，然后用铜斧砍下纣王的头颅，悬挂在大白旗的旗杆上。接着又来到纣王两位宠妾的住所，这两位女子已经上吊自杀。武王又向她们射了三箭，以剑砍击，用铁制的黑斧砍下她们的头颅，将头颅悬挂在小白旗的旗杆上。办完上述诸事后，武王返回军中。

原文

其明日，除道，修社及商纣宫[①]。及期，百夫荷罕旗以先驱[②]。武王弟叔振铎奉陈常车[③]，周公旦把大钺，毕公把小钺[④]，以夹武王[⑤]。散宜生、太颠、闳夭皆执剑以卫武王。既入，立于社南大卒之左[⑥]，左右毕从。毛叔郑奉明水[⑦]，卫康叔封布兹[⑧]，召公奭赞采[⑨]，师尚父牵牲。尹佚策祝曰[⑩]：“殷之末孙季纣，殄废先王明德[⑪]，侮蔑神祇不祀，昏暴商邑百姓，其章显闻于天皇上帝[⑫]。”于是武王再拜稽首，曰：“膺更大命，革殷，受天明命。”[⑬]武王又再拜稽首，乃出。

注释

①修社：修缮祭祀土地神的地方。武王“修社及商纣宫”，盖即拆除商朝之旧社，重立周朝之新社。

②荷：扛，打着。罕旗：即云罕旗。先驱：仪仗队的一部分，负责在前面开路。

③常车：插着太常旗的仪仗车。太常旗指画有日月形象的旗，以象征王者的地位与威严。

④毕公把小钺：此处之“毕公”应作“召公”。

⑤夹：左右陪侍，兼有护卫之意。

⑥社南大卒：战场破纣军之武王嫡系部队，今又充当仪卫，列于社南。

⑦明水：古代祭祀所用的净水，亦称“玄酒”。

⑧布兹：铺草席于地。布，铺。兹，席子。

⑨赞采：帮助武王献上供品。也有说是为武王赞礼。

⑩尹佚：又称“史佚”，西周初期的史官、天文家、星占家。策祝：诵读策书上的祭神文字。

⑪殄废：灭弃。

⑫章显：明显，谓其罪行显著。

⑬曰：“膺更大命，革殷，受天明命”：此“曰”字的主语是“史佚”，不是“武王”。膺更，承受。大命，天命。革殷，上天改变了对殷朝的眷顾；有人解为革除殷朝政权。

译文

第二天，清除道路，修缮祭祀土地神的祭坛以及商纣的王宫。到了规定的时候，一百名士兵打着云罕旗为武王在前开道。武王的弟弟叔振铎为武王赶着车子，周公旦拿着大斧，毕公拿着小斧，在左右陪侍武王。散宜生、太颠、闳夭都持剑护卫武王。进入社庙，武王站在庙的南面、精锐部队的左边，左右护卫都跟随着他。毛叔郑手捧玄酒，卫康叔封在地上铺上草席，召公奭帮助武王献上供品，姜尚牵着祭祀用的牲畜。尹佚诵读策书上的祭神文字，说："殷朝的末代子孙名叫纣的，灭弃先王的善德，轻慢天地之神不去祭祀，祸害商邑的百姓，他的罪行显著，已被天皇上帝了解。"于是武王再次跪拜叩头，尹佚说："禀承天命，上天改变了对殷朝的眷顾，接受上天圣明的旨令。"武王又再次跪拜叩头，离开社庙。

秦始皇本纪

原文

秦初并天下，令丞相、御史曰[①]："异日韩王纳地效玺，请为藩臣，已而倍约，与赵、魏合从畔秦，故兴兵诛之，虏其王。寡人以为善，庶几息兵革。赵王使其相李牧来约盟[②]，故归其质子。已而倍盟，反我太原，故兴兵诛之，得其王。赵公子嘉乃自立为代王，故举兵击灭之。魏王始约服入秦，已而与韩、赵谋袭秦，秦兵吏诛，遂破之。荆王献青阳以西，已而畔约，击我南郡[③]，故发兵诛，得其王，遂定其荆地。燕王昏乱，其太子丹乃阴令荆轲为贼，兵吏诛，灭其国。齐王用后胜计，绝秦使[④]，欲为乱，兵吏诛，虏其王，平齐地。寡人以眇眇之身，兴兵诛暴乱，赖宗庙之灵，六王咸伏其辜，天下大定[⑤]。今名号不更[⑥]，无以称成功，传后世，其议帝号。"丞相绾、御史大夫劫、廷尉斯等皆曰[⑦]："昔者五帝地方千里，其外侯服夷服[⑧]，诸侯或朝或否，天子不能制。今陛下兴义兵，诛残贼[⑨]，平定天下，海内为郡县，法令由一统，自上古以来未尝有，五帝所不及。臣等谨与博士议曰[⑩]：古有天皇，有地皇，有泰皇，泰皇最贵[⑪]。臣等昧死上尊号，王为‘泰皇’。命为‘制’，令为‘诏’，天子自称曰‘朕’。”王曰：“去‘泰’，著‘皇’，采上古‘帝’位号，号曰‘皇帝’。他如议。”制曰可[12]。追尊庄襄王为太上皇。制曰：“朕闻太古有号毋谥，中古有号，死而以行为谥。如此，则子议父、臣议君也，甚无谓，朕弗取焉。自今已来，除谥法。朕为‘始皇帝’，后世以计数，二世、三世至于万世，传之无穷。”

注释

①丞相：此时的秦丞相为王绾。御史：此指御史大夫，掌监察、纠弹，位同副丞相。此时秦的御史大夫为冯劫。

②李牧：赵国的最后一位名将。

③击我南郡：楚反秦于南郡在楚王被虏后，非在楚王被虏之前，此与事实不合。

④“齐王”二句：据《田敬仲完世家》，后胜前乃受秦收买，哄骗齐王亲秦；迨秦兵击齐，“齐王听后胜计，不战，以兵降秦”，与此说法不同。

⑤“六王”二句：秦王于此文中将所有被他消灭的诸侯，通通说成是“阴谋”反他，甚至编无作有，完全是一套强盗逻辑。

⑥名号不更：指还像以往的称“王”。

⑦廷尉斯：即李斯。廷尉，九卿之一，全国最高的司法长官。

⑧“昔者”二句：五帝，太史公言指黄帝、颛顼、帝喾、尧、舜五人。地方千里，其外侯服夷服，指自天子的都城向四周辐射，千里之内是“王畿”；再向外辐射五百里为“侯服”；再向外辐射五百里为“甸服”；依次向外辐射，每五百里为一“服”，有“男服”“采服”“卫服”“蛮服”“夷服”“镇服”“藩服”。这当然只是一种空想的安排，实际上戎、狄等少数民族就在王城不远，甚至可以赶着“天子”四处逃难。

⑨残：残忍。贼：害，凶狠。

⑩博士：官名，帝王身边的侍从人员，以知识渊博者为之，掌参谋、议论。

⑪泰皇：即人皇。

⑫制曰可：前面的一大段文字是记载始皇与群臣讨论的过程，“制曰可”三个字才是皇帝下达的命令。从现有的标点本看，人们通常是作如此理解，但联系《三王世家》，可以认为从“令丞相、御史曰”至“他如议”，是由丞相、御史等共同起草的一个文件，其中记载了帝王与诸臣讨论该问题的过程；文件形成后，交由帝王审批，“制曰可”中的“可”字，即帝王最后在该文件上的批语。

译 文

秦统一天下后，秦王对丞相、御史下令道：“前者韩王交出土地，献上玉玺，声称愿做秦国的诸侯王，但不久又背弃盟约，与赵、魏联合起来反叛秦国，所以我们兴兵讨伐他，俘虏了他的国王。我认为这是件好事，这样就可以永远结束秦、韩之间的战争了。赵王曾派他的丞相李牧来签订盟约，我们归还了他们的质子。但不久他们背弃盟约，在太原反叛我们，所以我们兴兵讨伐他，俘虏了赵国的国王。赵公子嘉又自立为代王，所以我们兴兵消灭了他。魏王当初已经说好服从秦国，不久又与韩、赵合谋袭击秦国，因此我们只得派兵前往讨伐，终于把他们击败了。楚王已经献出了青阳以西的土地，不久又违背约定，袭击我国的南郡，所以我们派兵讨伐他，俘虏了他们的国王，平定了楚国之地。燕王头脑发昏，他的太子丹竟然暗地里派荆轲前来行刺，我们只好派兵前去讨伐，灭了他们的国家。齐王建采纳后胜的计谋，与秦国断交，想作乱，我们派兵前往征讨，俘获了他们的国王，平定了齐国土地。就凭我这么一个渺小的人物，居然

▲ 秦始皇

能兴兵讨平暴乱，倚仗着列祖列宗的威灵，六国之王都已服罪，天下已经大体平定。如今若不更改名号就无法与我们取得的功业相称，无法使之流传后世，你们都讨论一下我这个帝王应该用什么名号。”丞相王绾、御史大夫冯劫、廷尉李斯等一起上书说：“过去‘五帝’直接管辖的地区方圆不过千里，千里之外是‘侯服’‘夷服’的地区，那时的诸侯有的朝贡，有的不朝贡，天子无法控制。如今陛下起义兵，讨残暴，平定天下，整个国家实行郡县制，一切命令都由朝廷发出，这是自古以来从未有过的，连传说中的‘五帝’也无法企及。我们与博士商量，共同认为：古代有‘天皇’‘地皇’‘泰皇’，三者之中‘泰皇’最尊贵。因此我们大胆建议，您应当称为‘泰皇’，您的命令称为‘制’和‘诏’，您应该自称为‘朕’。”秦王说：“去掉‘泰’字，留下‘皇’字，再加上古代所称的‘帝’字，合称为‘皇帝’。其他就按你们商量的意见办。”说罢便在他们的奏书上批示曰“可”。于是追尊庄襄王为“太上皇”。皇帝下令道：“我听说远古之时只有生时的帝号没有死后的谥号；中古之时生有帝号，死后又根据他生前的表现加一个谥号。这样做就等于是让儿子评议父亲、臣子评议君主了，这是很没有道理的，我不采取这种做法。从此以后，取消谥号。我就叫‘始皇帝’，后世以数字相称，从二世、三世直到万世，让它的传递无穷无尽。”

原　文

始皇推终始五德之传[①]，以为周得火德，秦代周德，从所不胜[②]。方今水德之始[③]，改年始[④]，朝贺皆自十月朔。衣服旄旌节旗皆上黑[⑤]。数以六为纪，符、法冠皆六寸[⑥]，而舆六尺[⑦]，六尺为步，乘六马。更名河曰德水，以为水德之始。刚毅戾深[⑧]，事皆决于法，刻削毋仁恩和义[⑨]，然后合五德之数[⑩]。于是急法，久者不赦。

注释

①终始五德之传：将金、木、水、火、土五行的相生相克，周而复始，引用到历史朝代的相承相变上。

②从所不胜：前一个朝代所不能战胜的那种“德（性）”，就是下一个朝代的“德（性）”。秦人认为周朝是“火”德，能灭“火”的是“水”，因此秦朝是“水”德。

③方今水德之始：据《封禅书》，秦文公获黑龙，以为水瑞，秦始皇因自谓水德。

④改年始：指始皇改用颛顼历，以十月为岁首。

⑤衣服：指帝王在祭祀、朝会时所穿的礼服。旄：饰有羽毛的旗帜。旌：编羽所成的旗帜。节：帝王所派使者所持的信物。旗：画有龙虎以及各种图案的旗帜。皆上黑：阴阳五行家以五行与五方、五色相配，说秦既是水德，其方位则在北，其颜色则主黑，故秦朝的服饰、旌旗皆上黑。上，通“尚”。

⑥符：符节。皇帝使者的信物，以竹、金等为之。法冠：祭祀、朝会等隆重场合所戴的礼帽。

⑦舆六尺：车子两轮之间的距离（即车宽）为六尺。

⑧戾深：暴戾，酷苛。

⑨刻削：谓执法严酷。

⑩合五德之数：意谓秦朝的行政、司法，一切都与其“水德”相一致。

译文

始皇帝按照金、木、水、火、土五德终始循环、相生相克的原理，认为周朝是得火德，秦代替周的火德而兴盛，就应该是周德所不能胜的水德。现在是水德的开始，应更改每年的起始月，群臣入朝贺岁都从十月初一开始。衣服、旄旗、符节的颜色都应该崇尚黑色。数目以六为准，符节、法冠都是六寸，车子的宽度为六尺，以六尺为一步，驾车的马用六匹。黄河改称德水，以此作为水德的开始。为政应强硬果决，一切都取决于法律，执法严酷而不讲仁慈宽大，这样才符合水德之治。于是施行严厉的刑法，对犯罪者从不宽赦。

原　文

丞相绾等言："诸侯初破，燕、齐、荆地远，不为置王，毋以填之[①]。请立诸子，唯上幸许。"始皇下其议于群臣，群臣皆以为便。廷尉李斯议曰："周文武所封子弟同姓甚众[②]，然后属疏远[③]，相攻击如仇雠，诸侯更相诛伐，周天子弗能禁止。今海内赖陛下神灵一统，皆为郡县[④]，诸子功臣以公赋税重赏赐之[⑤]，甚足易制。天下无异意，则安宁之术也。置诸侯不便。"始皇曰："天下共苦战斗不休，以有侯王。赖宗庙，天下初定，又复立国，是树兵也，而求其宁息，岂不难哉！廷尉议是。"

注　释

①毋以填之：无法维持那些地区的稳定。毋，通"无"。填，通"镇"，弹压。

②周文武所封：实即武王所封，因武王灭纣时文王已死，武王乃托父命讨伐殷纣。

③后属：后来的亲缘关系。

④皆为郡县：早在春秋时期各国已有郡、县之置，然当时是郡县与有土封君相互错杂。至秦始皇统一天下后，遂大规模地实行郡县制，但极少数的国内封君也还存在。

⑤公赋税：国家收敛上来的赋税。

译文

丞相王绾等人上书奏道："诸侯国刚被消灭，燕、齐、楚地区偏远，不在那里封建王侯就无法维持那些地区的稳定。请立各皇子为王，希望皇帝准许。"始皇把这个意见交给群臣讨论，群臣都认为此话有理。廷尉李斯则说："周文王、周武王所封的子弟及同姓很多，但是后来亲缘关系疏远，互相攻击就像冤家对头；诸侯更是互相征伐诛杀，周天子也无法制止。如今海内仰赖陛下的威灵而统一，各地都设置了郡县，各子弟功臣都用国家收来的赋税重赏他们，这样做很容易控制。天下人也都没有别的想法，这是使国家长治久安的好办法！封立诸侯对国家不利。"始皇说："天下人过去饱尝无休止的战争的苦难，就是因为有诸侯王的存在。如今仰赖先祖的神灵，统一的国家刚刚建立，又要建立诸侯国，这是埋下战争的种子，再想寻求国家的安宁，那不是很难吗？廷尉的意见很正确。"

原文

分天下以为三十六郡[①]，郡置守、尉、监[②]。更名民曰"黔首"[③]。大酺。收天下兵[④]，聚之咸阳，销以为钟鐻[⑤]，金人十二，重各千石，置廷宫中。一法度衡石丈尺[⑥]，车同轨[⑦]，书同文字[⑧]。地东至海暨朝鲜，西至临洮、羌中，南至北向户[⑨]，北据河为塞，并阴山至辽东[⑩]。徙天下豪富于咸阳十二万户。诸庙及章台、上林皆在渭南[⑪]。秦每破诸侯，写放其宫室[⑫]，作之咸阳北阪上[⑬]。南临渭，自雍门以东至泾、渭[⑭]，殿屋复道周阁相属。所得诸侯美人钟鼓，以充入之。

注释

①分天下以为三十六郡：这只是秦始皇二十六（公元前221年）年刚统一六国时的数字。

②守：郡守，郡里的最高行政长官。尉：郡尉，郡里的武官，主管治安，缉捕盗贼。监：监郡，皇帝派驻该郡的监察官员，由御史担任，主管

监察该郡的吏治。

③黔首：以“黔首”称百姓，不始于此时，然全国统一称黎民为“黔首”则自此时起。

④兵：兵器，当时多为铜制。

⑤鐻：夹钟，也是钟的一种。

⑥一：统一，划一。衡：秤砣。石：重量单位。丈尺：长度单位。

⑦车同轨：两轮间的距离一致。

⑧书同文字：指规定凡刻石一律用小篆，官方文件一律用隶书。

⑨北向户：指今海南岛与越南北部等地区，因其地处北回归线以南，门窗往往向北开。

⑩“北据河”二句：此即令蒙恬筑长城事。塞，城障。并，通“傍”，沿着。辽东，秦郡名，其辖区约当今辽宁东部直达今朝鲜平壤市西北。

⑪诸庙：秦国历代先王的祭庙。章台：秦宫名。上林：即上林苑，秦朝的皇家猎场。渭南：渭水之南。

⑫写放：模仿，仿照。放，同“仿”。

⑬作：建造。阪：山坡。六国宫殿在秦时咸阳城北部的宫城北侧。

⑭雍门：地名，当时咸阳城的大西南。泾、渭：泾水与渭水的汇流处。

译文

于是把天下分成三十六郡，每个郡设置郡守、郡尉和监郡。对黎民百姓改称作“黔首”。让天下人聚集饮宴以示庆贺。收缴天下的兵器，汇总到咸阳，熔铸成大钟、大鐻各若干，又铸造了十二个大铜人，各重千石，放在宫廷内。统一法律和度量衡，统一车轨的尺寸，统一全国的文字。秦朝的版图东境到达大海及朝鲜，西境到达临洮、羌中，南境到达广州、南宁，北境以黄河作为要塞，沿着阴山直至辽东。把天下十二万户富豪人家迁到咸阳。秦朝各代先祖的祭庙、章台宫、上林苑都设置在渭水的南岸。

秦每灭掉一个诸侯国，就按着被灭国家的宫殿模样，在咸阳城北的山坡上仿建一座。这些建筑向南对着渭水，从雍门以东直到泾水、渭水的汇合处，殿宇之间有天桥与各殿长廊相连相通。把从各诸侯国获得的美人、钟鼓，都安置在这些宫殿里。

原　文

二十七年，始皇巡陇西、北地，出鸡头山，过回中。焉作信宫渭南①，已更命信宫为极庙，象天极②。自极庙道通郦山③，作甘泉前殿④。筑甬道⑤，自咸阳属之⑥。是岁，赐爵一级。治驰道⑦。

注　释

①焉作：于是建造。信宫：秦始皇举行重大朝会活动的宫殿。

②天极：星座名。中国古代天文学家把天空的星座分为五个区域，称作五宫，天极是中宫的中心星座。

③郦山：也写作“骊山”，在当时的咸阳城东南。

④甘泉前殿：甘泉宫的前殿，在今陕西西安夹城堡、黄庄和铁锁村一带。

⑤甬道：两侧筑有夹墙的通道。

⑥属：连通。

⑦驰道：驰骋车马的宽广道路，中央专供皇帝通行，列树标明，两旁任人行走。

译　文

秦始皇二十七年（公元前 220 年），秦始皇巡视陇西、北地二郡，越过鸡头山，经过回中宫。于是在渭水之南建造信宫，后又改名为极庙，来象征天极。从极庙修路直通郦山，建造甘泉宫前殿。又修造甬道，从咸阳直通这里。这一年给天下百姓普遍赐爵一级。又增修供皇帝出行使用的大道。

孔子世家

原 文

孔子生鲁昌平乡陬邑[①]。其先宋人也[②]，曰孔防叔。防叔生伯夏，伯夏生叔梁纥。纥与颜氏女野合而生孔子[③]，祷于尼丘得孔子[④]。鲁襄公二十二年而孔子生[⑤]。生而首上圩顶[⑥]，故因名曰“丘”云，字仲尼，姓孔氏。

注 释

①陬邑：古邑名，即今山东曲阜东南之陬村。

②宋：西周初期建立的诸侯国名，始封之君为殷纣王之庶兄微子启。

③颜氏女：据《孔子家语》此女名“徵在”。野合：未经婚嫁而交合。

④祷：谓祭祀祈祷以求子也。尼丘：即曲阜东南的尼山。

⑤鲁襄公二十二年：公元前551年。孔子生：还有一种说法说孔子生于鲁襄公二十一年（公元前552年）。

⑥圩顶：头顶凹陷。

▲孔 子

孔子生在鲁国昌平乡的陬邑。他的祖先是宋国人，叫孔防叔。孔防叔生了伯夏，伯夏生了叔梁纥。叔梁纥与颜家的一个女子私通生了孔子。据说是祈祷于尼丘山而得孔子的。鲁襄公二十二年（公元前551年）孔子降生。孔子生来脑袋长得中间凹四面高，因此他的母亲给他取名叫丘，字仲尼，姓孔。

原文

丘生而叔梁纥死①，葬于防山②。防山在鲁东，由是孔子疑其父墓处，母讳之也③。孔子为儿嬉戏，常陈俎豆④，设礼容⑤。孔子母死，乃殡五父之衢⑥，盖其慎也。陬人輓父之母诲孔子父墓⑦，然后往合葬于防焉。

注释

①丘生而叔梁纥死：有曰孔子生三岁而梁纥死。

②防山：又名笔架山，在今山东曲阜东。

③讳：不愿说。可能是颜徵在以野合生子为耻而不愿说。

④俎：形如几案，用以盛放祭祀用的牛羊豕。豆：形如镫，用以装带汁的祭品。

⑤设礼容：此言孔子自幼时即与他儿不同，天生好礼。

⑥殡：停柩。这里指临时埋葬。五父之衢：当时曲阜城里的街道名。

⑦诲：教导，告知。

译文

孔丘降生不久叔梁纥就死了，埋在防山。防山在鲁国东部，但是孔子始终不知道父亲埋在什么地方，因为他的母亲故意不告诉他。孔子小时候做游戏，常常摆放各种祭器，模仿大人祭祀的礼仪。孔子的母亲死后，孔子就把她临时埋葬在五父之衢，是因为还没有找到父亲的墓地而谨慎等待的缘故吧。后来陬邑人輓父的母亲告诉了孔子他父亲坟地的地点，孔子才把母亲的灵柩送到防山与父亲合葬在一起。

原文

孔子年十七①，鲁大夫孟釐子病且死，诫其嗣懿子曰："孔丘，圣人之后②，灭于宋③。其祖弗父何始有宋而嗣让厉公④。及正考父佐戴、武、宣公，三命兹益恭⑤，故鼎铭云：'一命而偻⑥，再命而伛⑦，三命而俯，循墙而走⑧，亦莫敢余侮。饘于是⑨，粥于是，以糊余口。'其恭如是。吾闻圣人之后，虽不当世⑩，必有达者。今孔丘年少好礼，其达者欤？吾即没，若必师之。"及釐子卒，懿子与鲁人南宫敬叔往学礼焉⑪。是岁⑫，季武子卒，平子代立⑬。

注释

①孔子年十七：时当鲁昭公七年，即公元前535年。

②圣人：此处指正考父。正考父所以能称"圣人"，即因有下面所述之名言。

③灭于宋：指孔子六世祖孔父嘉为华督所杀，其子奔鲁。

④弗父何始有宋而嗣让厉公：弗父何是西周时人，宋湣公之嫡子，宋厉公之兄，让国于厉公。此与《宋世家》讲湣公卒，其子鲋祀（即厉公）弑炀公自立不同。

⑤三命：一命为士，再命为大夫，三命为卿。兹益：越发。兹，通"滋"，更加。

⑥偻：躬身弯腰。

⑦伛：与下文的"俯"都是弯腰的意思，其程度依次较"偻"更深。

⑧循墙而走：言不敢安然行于路中，盖谨慎之极也。

⑨饘：稠粥。这里用如动词，意即煮稠粥。

⑩当世：当政，治国。

⑪懿子与鲁人南宫敬叔往学礼焉：这是后来的事，大约在昭公二十四年（公元前518年），孔子时为三十四岁。南宫敬叔，孟釐子之子，懿子弟。

⑫是岁：指孔子十七岁这一年，即昭公七年，（公元前535年）。

⑬平子代立：此事及懿子与南宫敬叔学礼事均在昭公二十四年（公元前518年），时孔子三十四岁，司马迁误认为二事与孟釐子死都是孔子十七岁时事。

译文

孔子十七岁的时候，鲁国大夫孟釐子病重，临终告诫他的儿子孟懿子说："孔丘是圣人的后代，他的先祖在宋国灭败。孔子的九世祖弗父何本来应该享有宋国却让给了宋厉公。弗父何的曾孙正考父先后辅佐过宋戴公、宋武公、宋宣公三代，曾受过三次晋封的任命，而他的表现却是地位越高为人越谦逊。因此他家一个鼎上刻的铭文说：'第一次听到任命我鞠躬而受，第二次听到任命我弯腰而受，第三次听到任命我俯首而受。顺着墙根走，别说这么无用，到头来也没有人给我气受。我每天一碗稀饭一碗粥，就靠着这个糊口。'他谦恭得就是这个样子。我听说凡是圣人的后代，即便不能为政治国，也一定会才德显达。现在孔丘从小就喜好礼仪，难道他不是才德显达的人吗？我就要死了，你一定要去拜他为师。"孟釐子死后，孟懿子和鲁国人南宫敬叔便前往孔子处学礼。也就在这一年，季武子死了，季平子代立为卿。

原文

其后定公以孔子为中都宰①，一年，四方皆则之。由中都宰为司空，由司空为大司寇②。

注释

①中都宰：中都地方的行政官。中都，鲁邑名，在今山东汶上西。

②大司寇：掌管诉讼司法的最高长官。

译文

鲁定公叫孔子做了中都的地方官，一年之间大见成效，周围的地方官们都以他为榜样。很快地孔子也就由中都宰被提升到鲁国朝廷做了司空，又由司空晋升为大司寇。

原文

定公十年春[①]，及齐平[②]。夏，齐大夫黎鉏言于景公曰："鲁用孔丘，其势危齐。"乃使使告鲁为好会，会于夹谷[③]。鲁定公且以乘车好往[④]。孔子摄相事[⑤]，曰："臣闻有文事者必有武备，有武事者必有文备。古者诸侯出疆，必具官以从，请具左、右司马[⑥]。"定公曰："诺。"具左、右司马。会齐侯夹谷，为坛位，土阶三等[⑦]，以会遇之礼相见[⑧]，揖让而登。献酬之礼毕[⑨]，齐有司趋而进曰："请奏四方之乐[⑩]。"景公曰："诺。"于是旍旄羽袚矛戟剑拨鼓噪而至[⑪]。孔子趋而进，历阶而登[⑫]，不尽一等[⑬]，举袂而言曰[⑭]："吾两君为好会，夷狄之乐何为于此！请命有司！"有司却之[⑮]，不去，则左右视晏子与景公。景公心怍[⑯]，麾而去之。有顷，齐有司趋而进曰："请奏宫中之乐。"景公曰："诺。"优倡侏儒为戏而前[⑰]。孔子趋而进，历阶而登，不尽一等，曰："匹夫而营惑诸侯者罪当诛[⑱]！请命有司！"有司加法焉，手足异处[⑲]。景公惧而动，知义不若，归而大恐，告其群臣曰："鲁以君子之道辅其君，而子独以夷狄之道教寡人，使得罪于鲁君，为之奈何？"有司进对曰："君子有过则谢以质[⑳]，小人有过则谢以文[㉑]。君若悼之[㉒]，则谢以质。"于是齐侯乃归所侵鲁之郓、汶阳、龟阴之田以谢过。

注释

①定公十年：公元前500年，是年孔子五十二岁。

②平：也叫“成”，指国与国间为结束敌对状态，恢复和平友好而订立盟约。

③夹谷：地名，有说即今山东莱芜南的夹谷峪。

④乘车：日用的一般车驾，与“兵车”相对而言。好：指无敌意，无戒备。

⑤摄相事：太史公之意谓孔子遂由大司寇代行宰相职务。这是太史公对孔子当时在鲁国地位的理解。至于事实是否如此，说法不同，多数人认为此“相”是相礼之“傧相”，而非宰相。

⑥具左右司马：即指带领一定数量的武装保卫人员。司马，武官名。然鲁从没有左右司马之官，这也是太史公附会。

⑦土阶三等：夯土为阶，坛高三级，极言其简。

⑧会遇之礼：两国国君平等相会的礼节。这是比较简略的礼节。

⑨献酬：献、酬都是“敬酒”的意思。

⑩四方之乐：四境少数民族的舞蹈音乐。

⑪旍旄羽祓矛戟剑拨：皆武舞中所用的道具。旍，同“旌”，旗类。旄，幢也，其形如宝盖。羽、祓，皆编羽而成，舞者所执。拨，大盾。鼓噪而至：欲劫执鲁君。

⑫历阶：一步一级。古礼登阶应每登一阶并一下脚，此时因事态紧急，没有并脚。

⑬不尽一等：还有一层台阶没有上完，（就开口说话了，）极言其情势之紧急。

⑭举袂而言：见其急迫之态。

⑮却：使之离去。

⑯怍：惭愧。

⑰优倡侏儒：古代统治者身边供其玩笑取乐的歌舞、杂戏、滑稽、诙谐等各种人员。

⑱匹夫：指小人，下等人。营惑：通“荧惑”，迷惑，乱人视听。

⑲手足异处：指杀死。

⑳谢：道歉。质：实，实在的东西。

㉑文：指花言巧语，没用的东西，与“实”相反。

㉒悼：痛心，愧悔。

译文

鲁定公十年（公元前500年）春，鲁国同齐国和解。同年夏天，齐国的大夫黎鉏对齐景公说：“鲁国重用孔丘，势必危及齐国。”于是派人去邀请鲁定公来齐国的夹谷进行友好会见。鲁定公准备好车辆随从。孔子这时被任为代理宰相，说：“俗话说办文事也得有武力做后盾，办武事也得有文备。自古以来凡是诸侯离开自己的国家，必须带齐必要的文武官员，请您安排左、右司马一起去。”鲁定公说：“好。”于是让左、右司马跟着一道出发了。到达夹谷与齐侯相会，那里已经修起了台子，台子的边上有三磴土台阶。鲁定公与齐景公按着应有的礼节见面后，彼此推让着登上了台子。互相敬过了酒，齐国有关官员过来请示说：“请允许演奏四方的乐舞。”齐景公说：“好。”于是一群武士举着旗帜，拿着弓弩、矛戟、宝剑等各种武器，大呼小叫地一齐拥到了台下。孔子立刻小步急速地走到了台前，又一步一磴地登台，站上了倒数第二磴台阶。他一挥袖子对着下面喝道：“现在是两国的君主在进行友好会见，这些夷狄的乐舞来干什么！管事的赶快把他们轰出去！”齐国的有关官员示意叫他们退下，可是那些人不退。于是孔子就转过头来左右扫视晏子和齐景公，齐景公自己也觉得理亏，于是就挥手让那些人退了出去。过了一会儿，齐国的有关官员又过来请示说：“请允许演奏宫中的乐舞。”齐景公说：“好。”于是一群歌舞艺人和身材矮小的侏儒立刻拥上前来。孔子一见马上又跑上前去，一步一磴地登台，站上了倒数第二磴台阶，说：“匹夫小人凡是胆敢惑乱诸侯视听的，论罪当杀，请有关官员迅速执法！”于是齐国的有关官员只好过去把他们全部腰斩，让他们手足异处。齐景公一看，大为震恐，知道自己的道义敌不住孔子。回去后他害怕地对群臣们说："鲁国的孔子是用君子之礼来辅佐他们的国君，而你们却用夷狄的那一套来给我帮倒忙，结果让我得罪了鲁君，我这以后该怎么办？"齐国的有关官员上前说："君子有了过错就用实际行动来表示悔改；小人有了过错就用粉饰来谢罪。您如果真心悔过，那就用具体行动来表示道歉吧。"于是齐景公立即下令把从前侵占的鲁国的郓城、汶阳、龟阴等地还给了鲁国以表示认错。

原文

定公十四年①，孔子年五十六，由大司寇行摄相事②，有喜色。门人曰："闻君子祸至不惧，福至不喜。"孔子曰："有是言也，不曰'乐其以贵下人'乎③？"于是诛鲁大夫乱政者少正卯④。与闻国政三月，粥羔豚者弗饰贾⑤，男女行者别于涂⑥，涂不拾遗。四方之客至乎邑者不求有司，皆予之以归。

注释

①定公十四年：公元前496年。

②由大司寇行摄相事："摄""行"二字皆谓代理、权任。又，前文已云"摄相事"，今又云"行摄相事"，前后重复，且鲁之相一直由季氏担任，孔子不可能代理。

③乐其以贵下人：孔子此语答非所问，近于巧辩。

④诛鲁大夫乱政者少正卯："少正"是官名，其人名"卯"。关于孔子诛少正卯的事情，最早见于《荀子·宥坐》，但后人多疑孔子无此事。

⑤粥：通"鬻"，卖。羔豚：羊、猪。饰：虚增。贾：通"价"。

⑥别于涂：分路行走，各走一边。涂，同"途"。

译文

鲁定公十四年（公元前496年），孔子五十六岁，这时他又从大司寇被任命为代理宰相，脸上流露出很高兴的神色。他的学生们对他说："人们常说，君子在人祸临头的时候面无惧色，在福禄降临的时候也面无喜色。”孔子说：“的确有这么一说，但不是还有一种说法‘君子有了高位能以礼贤下士为乐’吗？”于是孔子掌权后诛杀了扰乱鲁国政局的大夫少正卯。孔子参与鲁国政权仅仅三个月，鲁国那些贩卖羊羔猪仔的人们不再以次充好漫天要价，男女在路上行走时也自觉地分开来各走一边，丢在路上的东西也都没有人拾取。四面八方来到鲁国的客人，用不着到主管官员那里去求告，谁见了都能给他们安排很好的住处。

原文

齐人闻而惧，曰：“孔子为政必霸，霸则吾地近焉，我之为先并矣，盍致地焉①？”黎鉏曰：“请先尝沮之②，沮之而不可则致地，庸迟乎！”于是选齐国中女子好者八十人，皆衣文衣而舞《康乐》③，文马三十驷④，遗鲁君。陈女乐文马于鲁城南高门外⑤。季桓子微服往观再三，将受，乃语鲁君为周道游⑥，往观终日，怠于政事⑦。子路曰：“夫子可以行矣。”孔子曰：“鲁今且郊⑧，如致膰乎大夫⑨，则吾犹可以止。”桓子卒受齐女乐，三日不听政；郊，又不致膰俎于大夫，孔子遂行，宿乎屯⑩。而师己送，曰：“夫子则非罪。”孔子曰：“吾歌可夫？”歌曰：“彼妇之口，可以出走；彼妇之谒⑪，可以死败。盖优哉游哉，维以卒岁！”师己反，桓子曰：“孔子亦何言？”师己以实告。桓子喟然叹曰：“夫子罪我以群婢故也夫！”

注释

①盍致地焉：此事不见于史书，

司马迁在此将孔子的作用夸得过神。

②尝，试。沮：以言语破坏。

③文衣：彩衣。《康乐》：舞曲名。

④文马：带有文采装饰的马。驷：古代称一车四马为“驷”。三十驷即一百二十匹。

⑤高门：鲁都曲阜的南门。

⑥周道游：季氏与鲁君因不好明言去城南看齐国女乐，故而说是“到各处走走”。

⑦往观终日，怠于政事：这是因《论语》之言而附会，且与秦穆公离间由余的计策相似，真实性是很值得怀疑的。

⑧郊：郊祀，在城外举行的祭天活动。

⑨致膰乎大夫：按照礼节规定，天子或诸侯的祭祀过后，要把祭肉分发给大臣，以表示对这些大臣的尊重。膰，祭肉。

⑩宿乎屯：孔子去鲁在定公十二年（公元前498年），不在此年。屯，鲁邑名，在今山东曲阜之南。

⑪谒：进，进言。

译文

齐国听说了很害怕，说：“鲁国要是真让孔子当了政就一定会称霸；鲁国一旦称了霸，离它最近的是我们齐国，那我们就势必要被他们吞并了。我们何不先割给他一些土地呢？”齐国的大夫黎鉏说：“我们先想办法阻止，如果阻止不成再给他们割地，这难道还算迟吗？”于是他就在齐国挑选了八十个漂亮女子，穿上华丽的衣服，教会她们跳《康乐》舞；又挑了装饰着文采的骏马一百二十匹，一齐给鲁君送了去。到鲁国后他们把这些舞女和骏马先安置在鲁都城南的高门外。季桓子穿着便衣溜到那里去看了好几遍，打算接受下来。他就跟鲁君说外出周游视察，却整天在那里观看，无心再想政事了。子路对孔子说："先生可以离开这个国家了。"孔子说："鲁国很快就该到郊外去祭天了，如果祭祀后还能把祭肉分送给大夫们，那我们就还可以留下来。"季桓子终于接受了齐国送来的女乐，并一连三日不过问国家大事；等到郊外祭天的仪式结束后，又不把祭肉分送给大夫们。于是孔子只好离开鲁国，当晚他们寄宿在鲁城南面的屯邑。鲁国的师己为他送行，师己对孔子说："您可没有任何过错呀。"孔子说："我唱首歌给你听听？"于是他就唱道："妇人搬弄口舌，可以害得你四处奔波；妇人在君前告状，可以叫你不死则亡。悠闲啊悠闲，我只有这样安度岁月！"师己回朝后，季桓子问他："孔子临走时说了些什么？"师己如实相告。季桓子叹了一口气说："他是怪我接受了那群女乐啦！"

原文

将适陈①，过匡②。颜刻为仆③，以其策指之曰："昔吾入此，由彼缺也。"匡人闻之，以为鲁之阳虎。阳虎尝暴匡人④，匡人于是遂止孔子。孔子状类阳虎，拘焉五日。颜渊后⑤，子曰："吾以汝为死矣。"颜渊曰："子在，回何敢死！"匡人拘孔子益急，弟子惧。孔子曰："文王既没，文不在兹乎？天之将丧斯文也，后死者不得与于斯文也⑥；天之未丧斯文也，匡人其如予何！"孔子使从者为宁武子臣于卫⑦，然后得去⑧。

注释

①陈：诸侯国名，都城即今河南淮阳。

②匡：卫国邑名，在今河南长垣西。

③颜刻：孔子弟子，或曰当是颜高。

④阳虎尝暴匡人：事在鲁定公六年（公元前504年）。时匡为郑邑，鲁侵郑，匡邑城墙有缺口，阳虎从此破墙入城。暴，施暴，肆虐。

⑤颜渊：名回，字渊。孔子最欣赏的学生。后：同行而落在后面，此

指随后赶了上来。

⑥后死者：孔子指称自己，与“既没”的文王相对而言。与：参与，掌握。

⑦宁武子：名俞，卫国大夫，颇受孔子敬重。但在宁武子时，孔子未生；在孔子畏匡时，宁氏则族灭已久。或曰此宁武子是孔文子之误。

⑧然后得去：此处记孔子畏于匡事与《论语》所记不太一样。孔子得以脱困，据《庄子》是匡人认识到弄错了人而放了他；《孔子家语》记为弦歌解围，还有谓孔子靠自己辩说得以解围者。

孔子准备到陈国去，中途经过卫国的匡邑。颜刻这时给他赶车。用马鞭子指着城墙说：“我过去曾进过匡邑，就是从那个缺口进去的。”匡人听他这么一说，误认为是鲁国的阳虎又来了。阳虎曾经劫掠过匡邑人，于是匡人就把孔子围困起来。因为孔子的相貌很像阳虎，一连围困了五天。五天后颜渊赶到，孔子说：“我以为你已经死了。”颜渊说：“您还活着，我怎么能死？”匡人围逼孔子越来越急，弟子们都很害怕。孔子说：“文王死了之后，周代的礼乐不就在我们这里吗？老天爷要是真想叫周代的礼乐毁坏，那它就不会让我再学；老天爷要是不想叫周代的礼乐毁坏，那匡人又能把我怎么样呢？”后来孔子打发他的一个学生去给卫国的宁武子做家臣，孔子才得以离开。

原　文

灵公夫人有南子者[1]，使人谓孔子曰：“四方之君子不辱欲与寡君为兄弟者[2]，必见寡小君[3]。寡小君愿见。”孔子辞谢，不得已而见之。夫人在絺帷中[4]，孔子入门，北面稽首[5]。夫人自帷中再拜，环佩玉声不敢璆然[6]。孔子曰：“吾乡为弗见[7]，见之礼答焉。”子路不说，孔子矢之曰[8]：“予所不者[9]，天厌之！天厌之！”居卫月馀，灵公与夫人同车，宦者雍渠参乘[10]，出，使孔子为次乘[11]，招摇过市之[12]。孔子曰：“吾未见好德如好色者也[13]。”

于是丑之，去卫，过曹[14]。是岁，鲁定公卒[15]。

注释

①南子：据说此女美而淫，偏受灵公之宠。

②不辱：不以为辱，谦辞。寡君：对别国人说话时，自称本国的国君曰“寡君”。

③寡小君：称本国的国君夫人曰“寡小君”。

④絺：葛草织品之精者。

⑤稽首：深拜，最重的拜见之礼。

⑥环佩玉声璆然：隔帷拜答之事不合礼，司马迁此记也无根据。璆然，佩玉相击声。

⑦乡：通“向”，前者。为：将。

⑧矢：起誓。

⑨不：通“否”。

⑩参乘：原指在车上立于国君之旁，为国君担任警卫，这里即指同车陪侍。

⑪次乘：第二辆车。

⑫招摇：故意显示、卖弄的样子。

⑬吾未见好德如好色者也：南子是卫灵公宠幸的女人，雍渠是卫灵公的男宠，都是“以色待人”者，故孔子有这样的慨叹。

⑭曹：西周初年建立的诸侯国名，都于陶丘（今山东定陶西南）。

⑮鲁定公卒：公元前495年，是年孔子五十七岁。

译文

卫灵公的夫人南子，派人来对孔子说：“各国的君子凡是来到卫国想跟我们国君建立像兄弟一样的情谊的，一定会来见见我们的南子夫人。现在我们的南子夫人也想见见您。”孔子开始时推辞不见，后来不得已只得去了。南子夫人坐在一层薄薄的纱幕后面。孔子进门后，向着北面叩头，南子夫人也在纱幕后拜了两拜，她身上的各种佩饰发出叮当的声响。孔子回来对他的弟子们说："我本来是不愿意见她的，后来既已见了，也就只好以礼相答。"子路很不高兴，孔子就发誓说："如果我说的不是真心话，那就让老天爷厌弃我，让老天爷厌弃我！"过了一个来月，卫灵公外出，他和南子夫人同坐一辆车，让宦官雍渠同车侍候，而让孔子坐在第二辆车子上，从集市上招摇而过。孔子说："我还真没见过谁能爱好道德像爱好女色一样。"他因此感到很羞耻，就离开了卫国，到曹国去了。也就在这一年，鲁定公去世了。

原　文

孔子去曹适宋①，与弟子习礼大树下。宋司马桓魋欲杀孔子②，拔其树，孔子去③。弟子曰："可以速矣。"孔子曰："天生德于予，桓魋其如予何！"

注　释

①孔子去曹适宋：孔子过宋在鲁哀公三年（公元前 492 年），应书于后文"吴败越王勾践会稽"之后，不应书于哀公元年（公元前 494 年）之事前。

②司马：主管全国兵事。桓魋：宋国的权臣。

③"拔其树"二句："拔其树，孔子去"是"孔子去，拔其树"的倒文。桓魋想杀孔子，赶到后，孔子已去，因此拔掉这棵树表示愤恨。

译　文

后来孔子又离开曹国到了宋国，和弟子们在一棵大树下演习礼仪。宋国的司马桓魋想杀孔子，赶到后孔子已经离开了，就让人把那棵大树拔掉了。弟子们催促说："我们还是走快点吧。"孔子说："老天爷已经把品格、责任赋予了我，桓魋又能把我怎么样呢？"

原　文

孔子适郑[①]，与弟子相失，孔子独立郭东门。郑人或谓子贡曰[②]："东门有人，其颡似尧[③]，其项类皋陶，其肩类子产[④]，然自要以下不及禹三寸，累累若丧家之狗[⑤]。"子贡以实告孔子。孔子欣然笑曰："形状，末也[⑥]；而谓似丧家之狗，然哉！然哉！"

注　释

①郑：西周后期建立的诸侯国，始都于棫林（今陕西华县）。西周灭，东迁，都于新郑（今河南新郑）。

②子贡：姓端木，名赐，字子贡，孔子的学生。

③颡：上额。

④子产：即公孙侨，春秋后期郑国的名臣。

⑤累累：垂头丧气的样子。

⑥末：末节，不重要。有的版本作"未"，未必，意更佳。

译　文

孔子到达郑国时，和弟子们走散了，一个人孤伶伶地站在外城的东门。有个郑国人对子贡说："东门外有个人，他的前额有点像唐尧，他的脖子有点像皋陶，他的肩膀有点像子产，他的下半身比大禹矮三寸，他那萎靡不振的样子活像一只丧家狗。"子贡找到孔子后就把那个人的话如实地对孔子说了。孔子一听反而开心地笑起来，说："他所美言我的那种相貌，我可真是不敢当；但他说我像只丧家狗，那可真对极了！对极了！"

原　文

秋，季桓子病，辇而见鲁城[①]，喟然叹曰："昔此国几兴矣，以吾获罪于孔子[②]，故不兴也[③]。"顾谓其嗣康子曰："我即死，若必相鲁；相鲁，必召仲尼。”后数日，桓子卒，康子代立。已葬，欲召仲尼。公之鱼曰[④]：“昔吾先君用之不终，终为诸侯笑。今又用之，不能终，是再为诸侯笑。”康子曰：“则谁召而可？”曰：“必召冉求[⑤]。”于是使使召冉求。冉求将行，孔子曰：“鲁人召求，非小用之，将大用之也。”是日，孔子曰：“归乎归乎！吾党之小子狂简，斐然成章[⑥]，吾不知所以裁之[⑦]。”子赣知孔子思归[⑧]，送冉求，因诫曰“即用，以孔子为招”云。

注释

①辇：人抬的轿子，或人挽的车子。见：巡视。

②获罪：“得罪”的客气说法，指季桓子当年接受齐国女乐，致使孔子离开鲁国事。

③故不兴也：让季桓子将孔子作用估计得如此之高，也可见司马迁的感情态度。

④公之鱼：季氏的主要家臣。

⑤冉求：字子有，孔子的学生，以长于政事闻名。

⑥斐然：文采繁盛的样子。

⑦裁：一说意为裁制，一说即剪裁之裁，意即继续陪养辅助之。

⑧子赣：即子贡。

译文

这年秋天，鲁国的季桓子病重，乘着辇车巡视鲁都的城墙，非常感慨地说：“过去这个国家曾一度要兴旺起来了，就是因为我，闹得让孔子离开了这个国家，所以鲁国就没有能振兴起来。”他回头看着他的继承人季康子说：“我死了以后，你一定会接替我做鲁国的宰相。你做了宰相之后，一定要把孔子叫回来。”几天后，季桓子去世了，季康子接着当了鲁国的宰相。他安葬完了季桓子，就准备派人去请回孔子。公之鱼拦阻说：“当初我们的老宰相就因为对待孔子没能善始善终，所以才遭到了诸侯们的耻笑。今天我们又要用他，要是再不能善始善终，那就又要惹得诸侯们耻笑了。”季康子说：“那我们叫谁来好呢？”公之鱼说：“可以叫孔子的弟子冉求来。”于是季康子就派了人去叫冉求。冉求准备动身前，孔子对他说：“鲁国派人来叫你回去，一定不会小用你，他们一定会大用你的。”也就在同一天，孔子感叹地说：“回去吧，回去吧！我家乡的那些弟子们志大才疏，他们下笔成章而又文情并茂，我都不知道该怎么引导他们才好。”子贡心里明白这是孔子也想回鲁国，于是他为冉求送行时，叮嘱过冉求“你回去一旦主了事，可一定要想办法把咱们先生接回去”的话。

原文

孔子迁于蔡三岁①，吴伐陈。楚救陈，军于城父②。闻孔子在陈、蔡之间，楚使人聘孔子③。孔子将往拜礼④。陈、蔡大夫谋曰：“孔子贤者，所刺讥皆中诸侯之疾。今者久留陈、蔡之间，诸大夫所设行皆非仲尼之意⑤。今楚，大国也，来聘孔子。孔子用于楚，则陈、蔡用事大夫危矣。”于是乃相与发徒役围孔子于野⑥。不得行，绝粮。从者病，莫能兴⑦。孔子讲诵弦歌不衰。子路愠见曰⑧：“君子亦有穷乎？”孔子曰：“君子固穷，小人穷斯滥矣⑨。”

注释

①孔子迁于蔡三岁：即哀公六年，(公元前489年)。是年孔子六十三岁。

②城父：陈邑名，在今河南宝丰东、平顶山西北。

③聘：以财物迎请。

④拜礼：接受聘礼，前往拜谢。

⑤设行：施行，实行的章程、制度。

⑥于是乃相与发徒役围孔子于野：楚欲用孔子而陈、蔡围之于野事不可能。当时陈事楚、蔡事吴，是敌国，二国之大夫不可能合谋。且此年吴志在灭陈，陈仗楚救之，岂敢围楚欲用之人？徒役，这里指士兵。

⑦兴：起，立。

⑧愠：恼怒。

⑨斯：则。滥：不能克制自己。

孔子迁居到蔡国的第三年，吴国出兵伐陈。楚国派兵救陈，驻兵于城父。楚王听说孔子这时就在陈、蔡两国之间，于是就派人去请孔子。孔子准备前去拜见。陈、蔡两国的大夫们听到这个消息立刻商量："孔子可是个有才德的贤人，他对哪个国家所作的批评都能切中那个国家的要害。如今他住在我们陈、蔡两国之间，我们这些人的所作所为都不合乎孔子的思想。现在楚国这个大国来请孔子了，如果孔子在楚国被重用，那我们陈、蔡两国这些主事人可就危险了。"于是他们就串通起来发兵把孔子一行围困在野外，使得他们想走走不了，带的干粮也都吃完了，饿得那些随从的弟子们一个个都躺在地上，站不起来。而孔子却还在那里讲诗书，读文章，弹琴唱歌不停。子路恼怒地过来对孔子说："君子难道也有走投无路的时候吗？"孔子说："君子到了困窘的时候能够坚守节操，而小人到了困窘的时候就会不择手段地乱来了。"

原文

子贡色作。孔子曰："赐，尔以予为多学而识之者与[1]？"曰："然。非与？"孔子曰："非也，予一以贯之。"

注释

①识：通"志"，记忆。

译文

子贡的脸色变了。孔子说："赐啊，你认为我是学了很多的东西能牢记不忘的人吗？"子贡说："是的。难道您不是这样吗？"孔子说："不是的，但我能用一个基本的思想把所学的东西贯串起来。”

原文

孔子知弟子有愠心，乃召子路而问曰：“《诗》云‘匪兕匪虎，率彼旷野’①，吾道非邪？吾何为于此？子路曰：“意者吾未仁邪②？人之不我信也。意者吾未知邪③？人之不我行也。”孔子曰：“有是乎！由，譬使仁者而必信④，安有伯夷、叔齐？使知者而必行，安有王子比干？”

注释

①“匪兕”二句：见《诗经·小雅·何草不黄》。匪，同“非”。兕，野牛。率，循，沿着。

②意者：莫非是。推测之辞。

③未知：智慧不足。知，同“智”。

④信：理解。

译文

孔子知道弟子们都有怨气，于是把子路叫来问道：“《诗·何草不黄》里说‘既不是犀牛，又不是老虎，可是却在原野上东奔西跑’，是我追求的理想不对吗？我为什么落到了这步田地呢？”子路说：“也许是我们还没有达到‘仁人’的标准，所以人们对我们还不够信任。也许是我们的聪明智慧还有欠缺，所以人们才处处同我们为难。”孔子说：“有你说的这种道理吗？由啊，要是凡够‘仁人’标准的人就能让别人相信，那伯夷、叔齐还会饿死在首阳山吗？要是聪明智慧无欠缺的人就一定能通行无阻，那王子比干还会被挖了心吗？”

原文

子路出，子贡入见。孔子曰："赐，《诗》云'匪兕匪虎，率彼旷野'。吾道非邪？吾何为于此？"子贡曰："夫子之道至大也，故天下莫能容夫子。夫子盖少贬焉[①]？"孔子曰："赐，良农能稼而不能为穑[②]，良工能巧而不能为顺[③]。君子能修其道，纲而纪之，统而理之，而不能为容[④]。今尔不修尔道而求为容，赐，而志不远矣！"

注释

①盖少贬焉：何不自己稍微降低一点呢？盖，同"盍"，何不。

②稼：种。穑：收获。

③巧：工艺精巧。顺：符合别人的心意。

④容：接受，容纳。

译文

子路出去后，子贡进来了。孔子说："赐啊，《诗·何草不黄》里说'既不是犀牛，又不是老虎，可是却在原野里东奔西跑'，是我追求的理想不对吗？我为什么落到这步田地呢？"子贡说："这是由于先生您的理想太高尚、太伟大了，因此普天下才无法容纳您。先生您难道就不能把标准降低点吗？"孔子说："赐，最好的农民能保证把地种好，但不能保证就一定能获得丰收；最好的能工巧匠能保证把东西做得巧夺天工，但不能保证买东西的人一定满意；君子能够尽力使自己的理想趋于完善，能让它有条有理、一以贯之，但不能保证一定能让世人接受。现在你不是去修养自己而是只想去取得世人的接纳，你的志向可不够远大啊！"

原文

子贡出，颜回入见。孔子曰："回，《诗》云'匪兕匪虎，率彼旷野'。吾道非邪？吾何为于此？"颜回曰："夫子之道至大，故天下莫能容。虽然，夫子推而行之。不容何病[①]，不容然后见君子！夫道之不修也，是吾丑也。夫道既已大修而不用，是有国者之丑也。不容何病，不容然后见君子！”孔子欣然而笑曰：“有是哉颜氏之子[②]！使尔多财，吾为尔宰[③]。”

注释

①病：损害，害处。

②有是哉：犹今之所谓“真有你的”，惊喜敬佩之辞。

③宰：主管，即前“阳虎为季氏宰”之“宰”。

译文

子贡出去后，颜回进来了。孔子说：“颜回啊，《诗·何草不黄》里说‘既不是犀牛，又不是老虎，可是却在原野里东奔西跑’，是我的理想不对吗？我为什么落到了这步田地呢？”颜回说：“先生的理想太伟大了，因此才使得天下哪里也无法容纳。尽管如此，先生您还是坚持不懈地在推行它，不被容纳又有什么关系呢？不被容纳才更显示出您作为君子的伟大！一个人的理想学说不完美，那是自己的耻辱；如果理想学说完美无缺而只是不能被人容纳，那就是当权者们的羞耻了。不被容纳有什么关系？不被容纳才显示出您作为君子的伟大！”孔子一听称心地笑着说：“颜家的小子，可真有你的！假如你是个大富翁，我情愿去给你当管家。”

原文

于是使子贡至楚。楚昭王兴师迎孔子[①]，然后得免。

注释

①楚昭王兴师迎孔子：史上未见昭王招孔子之事。

译文

后来孔子派子贡去向楚王报告了情况，楚昭王派兵来迎接孔子，孔子师徒才摆脱了困境。

原文

其明年[①]，冉有为季氏将师，与齐战于郎，克之。季康子曰：“子之于军旅，学之乎？性之乎[②]？”冉有曰：“学之于孔子。”季康子曰：“孔子何如人哉[3]？”对曰：“用之有名；播之百姓，质诸鬼神而无憾[4]。求之至于此道[5]，虽累千社[6]，夫子不利也。”康子曰：“我欲召之，可乎？”对曰：“欲召之，则毋以小人固之[7]，则可矣。”而卫孔文子将攻太叔，问策于仲尼。仲尼辞不知，退而命载而行[8]，曰：“鸟能择木，木岂能择鸟乎！”文子固止。会季康子使公华、公宾、公林，以币迎孔子[9]，孔子归鲁。

注释

①其明年：当作后四年，哀公十一年（公元前484年），距吴会缯已四年，时孔子年六十八。

②性：生。

③孔子何如人哉：季康子这里主要是问孔子的军事才能。

④质：询问。无憾：无不满，无意见。

⑤求之至于此道：此句上下不连贯，上下疑有脱文。

⑥累：几个。千社：两万五千户人家。古代二十五家为一社。

⑦固：拘泥，限制。

⑧命载：犹言“命驾”，打发人备车。可见孔子对卫国之污浊极其厌恶。

⑨币：赞也，聘迎之礼品。

译文

第二年，冉有为季孙氏统领部队，在鲁国的郎亭与齐国作战，获得了胜利。季康子问冉有说：“您这份指挥作战的才能，是学来的呢？还是天生的呢？”冉有说：“是跟着孔子学的。”季康子说：“孔子是一个什么样的人呢？”冉有说：“孔子办什么事情都要求名正言顺。他的所作所为都可以讲给百姓们听，都可以摆给鬼神们看，而保证不会有任何欠缺。像我现在所做的这些事情，我想您即使拿两万五千家的封地去吸引他，他也不会为了这点利益来做的。”季康子说：“我想把他请回鲁国来，行吗？”冉有说：“您要是想请他回来，那就决不能把他当成小人对待，这样也许还可以。”当时，卫国的孔文子准备攻击太叔，孔文子跑去向孔子讨教。孔子婉转地推说自己不懂这方面的事情，说罢立即叫人收拾行装离开了卫国，他说：“只能够由鸟来选择树木，难道还能由树木来选择鸟吗？”孔文子听说后，坚决请他留下来。这时正赶上季康子派了公华、公宾、公林几个人带着礼物来卫国迎孔子，于是孔子便返回了鲁国。

原文

孔子之去鲁凡十四岁而反乎鲁①。

注释

①去鲁凡十四岁而反乎鲁：孔子去鲁在定公十三年（公元前 497 年），实十四年（公元前 496 年）也。

译文

孔子离开鲁国一共 14 年后才又回到鲁国。

原文

孔子之时，周室微而礼乐废，《诗》《书》缺。追迹三代之礼①，序《书传》②，上纪唐虞之际③，下至秦缪④，编次其事。故《书传》《礼记》自孔氏⑤。

注释

①追迹：追索，考察。三代：指夏、商、周三朝。

②序《书传》：意即编订《尚书》。也有人以为是编订《尚书》并给《尚书》的各篇作序。序，编次。

③上纪唐虞之际：《尚书》中所记的最早的事情是关于尧、舜的，见《尧典》。

④下至秦缪：《尚书》中所记的最晚的事情是关于秦穆公的，即《秦

誓》。缪，通“穆”。

⑤《礼记》：孔子所见的讲述上古礼仪的书，而绝非指今所传之《礼记》。

译文

在孔子生活的那个年代，周王室已经衰微，礼崩乐坏，《诗》《书》也都残缺不全。于是孔子就一方面考查夏、商、周三代的礼乐制度，一方面整理《书传》的编次，他把上起唐尧、虞舜，下至秦穆公的所有的篇章，都编排了起来。所以后人诵读的《书传》和《礼记》都是经孔子整理编定的。

原文

孔子语鲁大师[①]：“乐其可知也。始作翕如[②]，纵之纯如[③]，皦如[④]，绎如也[⑤]，以成。”“吾自卫反鲁，然后乐正，《雅》《颂》各得其所[⑥]。”

注释

①鲁大师：鲁国的乐官。大，同“太”。

②翕如：翕翕然，妥贴的样子。

③纯如：和谐貌。

④皦如：清晰貌。

⑤绎如：连续不绝貌。

⑥《雅》《颂》各得其所：《雅》《颂》既是《诗经》内容的分类，也是乐曲的分类。此篇以为主要是正其篇章，即只调整《诗经》篇章的次序。

译文

孔子对鲁国乐官太师说：“音乐的演奏规律是可以掌握的。开始时各种音响要平和，随着音调的展开声音要和谐悦耳，要顿挫鲜明，要悠扬回荡，一直到结束。”又说：“我从卫国返回鲁国，就开始对乐曲进行审定，使《雅》《颂》都各自发挥了它们应发挥的作用。”

陈涉世家

原文

陈胜者，阳城人也，字涉。吴广者，阳夏人也，字叔。陈涉少时，尝与人佣耕①，辍耕之垄上②，怅恨久之，曰："苟富贵，无相忘。"庸者笑而应曰③："若为庸耕④，何富贵也？"陈涉太息曰："嗟乎，燕雀安知鸿鹄之志哉⑤！"

▲陈　胜

注释

①佣耕：被雇佣从事耕作。

②辍耕：停止耕作。这里指中间休息。

③庸者：与陈涉一起受雇佣的人。庸，同"佣"。

④若：尔，你。

⑤鸿鹄：天鹅。

译文

陈胜是阳城人，字涉。吴广是阳夏人，字叔。陈涉年轻时，曾经与人一起被雇佣耕地，他停止了耕作，到田埂上休息，怅恨不平了很久，说："如果将来谁富贵了，不要彼此相忘呀。"同伴们都笑话他："你受雇佣给人家耕地，怎么可能富贵呢？"陈涉长叹一声："唉！小燕雀哪能知道天鹅的凌云志向啊！"

原文

二世元年七月①，发闾左適戍渔阳②，九百人屯大泽乡③。陈胜、吴广皆次当行[4]，为屯长[5]。会天大雨[6]，道不通，度已失期[7]。失期，法皆斩。陈胜、吴广乃谋曰："今亡亦死，举大计亦死，等死，死国可乎[8]？"陈胜曰："天下苦秦久矣[9]。吾闻二世少子也[10]，不当立，当立者乃公子扶苏[11]。扶苏以数谏故，上使外将兵[12]。今或闻无罪，二世杀之[13]。百姓多闻其贤，未知其死也。项燕为楚将[14]，数有功，爱士卒，楚人怜之。或以为死，或以为亡。今诚以吾众诈自称公子扶苏、项燕，为天下唱[15]，宜多应者。"吴广以为然，乃行卜。卜者知其指意[16]，曰："足下事皆成，有功。然足下卜之鬼乎[17]！"陈胜、吴广喜，念鬼[18]，曰："此教我先威众耳。"乃丹书帛曰"陈胜王"，置人所罾鱼腹中[19]。卒买鱼烹食，得鱼腹中书，固以怪之矣[20]；又间令吴广之次所旁丛祠中[21]，夜篝火[22]，狐鸣呼曰："大楚兴，陈胜王。"卒皆夜惊恐。旦日[23]，卒中往往语，皆指目陈胜[24]。

注释

①二世元年：公元前209年。

②发闾左適戍渔阳：征调住在里巷左侧的居民到渔阳服役。闾左，住在里门左侧的。其他如曰"平民居闾左"、"穷者居闾左"云云，皆不可信。適戍，发配戍守。適，同"谪"。渔阳，秦县名，县治在今北京密云西南。

③屯：停驻。大泽乡：在今安徽宿县东南，当时上属蕲县。

④皆次当行：都按次序应该前去服役。

⑤屯长：下级军吏，大约相当于后世的连排长。

⑥会：值，正赶上。

⑦度已失期：估计着肯定要迟到。

⑧"今亡"四句：亡，潜逃。举大计，行大谋，指造反。死国，为建立自己的王朝豁出命去干。

⑨苦秦：以受秦的统治为苦。

⑩二世少子：《索隐》引姚氏按："隐士谓章邯书云'李斯为二世废十七兄而立今王'，则二世是始皇第十八子也。"

⑪公子扶苏：秦始皇的长子。

⑫"扶苏"二句：扶苏因焚书坑儒事向始皇提过意见，始皇发怒，令其北出监蒙恬军于上郡。

⑬二世杀之：始皇死前遗诏传位于扶苏；始皇死后，赵高、李斯窜改诏书立二世，并将扶苏赐死。

⑭项燕：项羽之祖父，战国末期楚国的将领，被秦将王翦所杀。

⑮唱：引头，发端。

⑯指意：心思。指，同"旨"。

⑰然足下卜之鬼乎："卜"上应增"何不"二字，意谓"您为何不到鬼神那里去占卜一下"，实际是暗示让他假借鬼神以号召群众。

⑱念鬼：心里寻思卜者所说的"卜之鬼"是什么意思。

⑲罾：渔网。这里用如动词，即"捕捞"之意。

⑳以：同"已"。

㉑间：私下，暗中。之：往。次所：戍卒所驻之处。丛祠：一说谓草树荫蔽中的野庙。一说谓指社树。

㉒篝火：举火，点火。

㉓旦日：天亮之后。

㉔指目：指指点点私下里注视他。

译文

秦二世元年（公元前209年）七月，遣送住在里巷左边的壮丁到渔阳去守边。同行者共九百人，中途驻扎在大泽乡。陈胜、吴广都在这一行人里，还当了个小头目。凑巧天降大雨，道路不通，他们估算着肯定不能按时赶到渔阳了。误期，按照秦法，都要被杀头。陈胜、吴广一起商量说：

"现在我们如果逃跑，被抓回来肯定是死；我们如果造反，失败了，也就是个死。都是死，为国事而死不好吗？"陈胜说："老百姓受秦朝暴政的苦时间不短了。我听说秦二世是秦始皇的小儿子，不该由他当皇帝，应该立为皇帝的是长子扶苏。扶苏由于多次劝说始皇，始皇讨厌他，派他带兵到外头去守边。我听说他已经不幸被秦二世杀害了。老百姓们都只知道扶苏贤明，很多人还不知道他已经被杀。项燕是楚国的名将，曾多次立过战功，而且关心士卒，楚国人都很爱戴他。现在有人认为他死了，有人认为他还活着，只是不知道躲在什么地方。现在我们真要是冒充公子扶苏和项燕，带头造反，响应我们的人应该会很多。"吴广觉得有理，两人便去找人占卜。占卜的猜出了他们的心思，就说："你们的事情都能办成，而且一定会有大功效。但是你们为什么不再去找鬼神算一卦呢？"陈胜、吴广听着心里高兴，又暗自琢磨"找鬼神"是什么意思，后来他们恍然大悟："这是教我们用装神弄鬼的办法来提高威信。"于是他们在一条白绸带上写了"陈胜王"三个红字，偷偷塞进捕鱼人逮上来的一条鱼的肚子里。戍卒们买鱼来吃，发现了鱼肚子里的红字条，觉得很奇怪；陈胜又让吴广夜里偷偷地到营房附近林中的破庙里，点起火，学狐狸似的嗥叫："大楚兴，陈胜王。"戍卒们都被吓得一夜没有睡好觉。第二天早晨，戍卒们三三两两交头接耳地开始议论，同时还指指点点地斜着眼睛看陈胜。

原　文

吴广素爱人，士卒多为用者。将尉醉①，广故数言欲亡②，忿恚尉③，令辱之，以激怒其众④。尉果笞广⑤，尉剑挺⑥，广起，夺而杀尉。陈胜佐之，并杀两尉。召令徒属曰："公等遇雨，皆已失期，失期当斩。藉弟令毋斩⑦，而戍死者固十六七⑧。且壮士不死即已⑨，死即举大名耳⑩，王侯将相宁有种乎！"徒属皆曰："敬受命。"乃诈称公子扶苏、项燕，从民欲也⑪。袒右⑫，称大楚，为坛而盟，祭以尉首⑬。陈胜自立为将军，吴广为都尉[14]。攻大泽乡，收而攻蕲[15]。蕲下，乃令符离人葛婴将兵徇蕲以东[16]。攻铚、酂、苦、柘、谯[17]，皆下之。行收兵[18]，比至陈[19]，车六七百乘，骑千馀，卒数万人。攻陈，陈守令皆不在[20]，独守丞与战谯门中[21]。弗胜，守丞死，乃入据陈。数日，号令召三老、豪杰与皆来会计事[22]。三老、豪杰皆曰："将军身被坚执锐[23]，伐无道，诛暴秦，复立楚国之社稷[24]，功宜为王。"陈涉乃立为王，号为张楚[25]。

注释

①将尉：统领戍卒的县尉。将，统领，率领。

②故数言欲亡：故意地在将尉面前扬言自己想要开小差。

③忿恚：恼怒。这里是使动用法，激之使怒。

④"令辱之"二句：故意想激怒将尉，使将尉打自己，借以激起众人对将尉的不满。

⑤笞：用鞭或用棍棒、竹板打人。

⑥尉剑挺：将尉在打人时，其佩剑由鞘中甩脱出来。一说谓"挺"即"拔"，剑挺，即拔剑出鞘。疑前说是。

⑦藉弟令毋斩：即使暂时不被杀。藉弟令，即便，即使。弟，同"第"。

⑧戍死：为守边、修城而累死。十六七：十分之六七。

⑨即：同"则"。

⑩大名：即谓"侯""王"之类。

⑪"乃诈称"二句：按，此云陈涉诈称扶苏、项燕以从民欲，而后面竟无具体事实，似有漏洞。

⑫袒右：脱右肩之衣，表示与一般人不同。按：此乃宣誓结盟时的一种状态。

⑬祭以尉首：起兵者要祭战神，刘邦起兵于沛，亦"祠黄帝，祭蚩尤于沛庭"也。

⑭都尉：军官名，级别低于将军，略当于校尉。

⑮蕲：秦县名，县治在今安徽宿州南。

⑯符离：秦县名，县治在今安徽宿州东北。徇：巡行宣令使之听己。

⑰铚、酂、苦、柘、谯：皆秦县名。铚，县治在今安徽宿州西南；酂，县治在今河南永城西；苦，县治即今河南鹿邑；柘，县治在今河南柘城西北；谯，县治即今安徽亳县。

⑱行收兵：一面前进，一面招募、收编部队。

⑲比：及，至。陈：秦县名，县治即今河南淮阳，当时也是陈郡的郡治所在地。

⑳陈守令：陈郡的郡守和陈县县令。

㉑守丞：留守的郡丞。郡丞是郡守的副官，秩六百石。谯门：上有望楼的城门。

㉒三老：乡官，职掌教化。豪杰：当地有名望、有势力的人物。

㉓被坚执锐：披坚甲，执利兵，极言其勇敢辛劳。被，同“披”。

㉔社稷：社稷坛，帝王祭祀土神与农神的地方，历来被用以代指王朝政权。

㉕“陈涉”二句：事在秦二世元年（前209年）七月。张楚，国号。一说即“张大楚国”意。按：此说勉强。张楚，即大楚也。张，大也。

译文

吴广向来爱护士卒，因此戍卒们都愿意为他效力。一天，押送戍卒的两个尉官喝醉了，吴广就当着他们的面一再扬言要逃跑，故意激怒尉官，让他们责辱自己，以便激起戍卒们的义愤。尉官果然鞭打吴广，腰间的佩剑甩脱出来，吴广一跃而起，抓过宝剑，杀死了那个尉官。陈胜在一旁帮忙，把另一个尉官也杀掉了。紧接着他们把戍卒们召集起来说：“各位在这里遇上大雨，无论如何也不能按时赶到渔阳了。而不能按时到达，按法是要杀头的。即使不杀头，为守边而死的人，十个里头也有六七个。大丈夫如果豁不出命去也就罢了，如果敢于豁出命去那就要干出点大名堂。那些当王侯将相的难道都是天生的贵种吗！”戍卒们异口同声地说：“愿意

听从您的指挥。”于是他们就冒充公子扶苏、项燕，来顺从百姓的心愿。他们露出右臂做标志，自己号称“大楚”。又搭起台子结盟誓师，用那两个尉官的头祭祀天地。陈胜自己做将军，吴广做都尉。先攻下了大泽乡，紧接着又带领大泽乡的人去攻蕲县。蕲县攻下之后，就派符离人葛婴带兵去夺取蕲县以东的地方。而他自己和吴广则率军西进攻打铚、酂、苦、柘、谯，都攻了下来。他们一路上扩充军队，等到了陈郡城郊时，兵车已经有了六七百辆，骑兵有一千多，步兵也有好几万人了。于是他们开始进攻陈郡，当时郡守和县令都不在城中，只有郡丞在城门下应战。义军一时不能战胜，不久郡丞被人杀死，才占据了陈郡。过了几天，陈胜下令召集郡中各县的三老、豪杰都来集会议事。这些三老、豪杰们都说：“将军您身披铠甲，手执利刃，为民众讨伐无道的秦王，进攻残暴的秦朝，重新建立了楚国的政权，论功应当称王。”于是陈胜就自立为王，国号“张楚”。

原文

当此时，诸郡县苦秦吏者，皆刑其长吏，杀之以应陈涉。乃以吴叔为假王①，监诸将以西击荥阳②；令陈人武臣、张耳、陈馀徇赵地③，令汝阴人邓宗徇九江郡④。当此时，楚兵数千人为聚者，不可胜数。

注释

①假王：非实授，而暂行王者之事，犹后世之“代理”、“权署”。

②荥阳：秦县名，县治在今河南荥阳东北。

③赵地：战国时赵国的地盘，相当于今河北南部一带地区。

④汝阴：秦县名，县治即今安徽阜阳。九江郡：秦郡名，郡治寿春，即今安徽寿州。

译文

在这个时候，天下各郡县痛恨秦朝官吏的百姓们，都纷纷起来杀掉他们的长官响应陈涉。于是陈王就派吴广代行王事，以自己的名义节制将领们西攻荥阳；派陈郡人武臣、张耳、陈馀等人，到赵国一带扩充地盘；派汝阴人邓宗南下开辟九江郡。这时，楚地几千人成伙的起义军多得不可指数。

原文

陈胜王凡六月[1]，已为王，王陈[2]。其故人尝与庸耕者闻之，之陈[3]，扣宫门曰："吾欲见涉。"宫门令欲缚之[4]，自辩数[5]，乃置[6]，不肯为通[7]。陈王出，遮道而呼涉[8]。陈王闻之，乃召见，载与俱归。入宫，见殿屋帷帐，客曰："夥颐[9]！涉之为王沉沉者[10]！"楚人谓多为夥，故天下传之"夥涉为王"，由陈涉始[11]。客出入愈益发舒[12]，言陈王故情。或说陈王曰："客愚无知，颛妄言[13]，轻威。"陈王斩之。诸陈王故人皆自引去[14]，由是无亲陈王者。陈王以朱房为中正[15]，胡武为司过[16]，主司群臣[17]。诸将徇地至[18]，令之不是者[19]，系而罪之，以苛察为忠。其所不善者[20]，弗下吏[21]，辄自治之[22]，陈王信用之。诸将以其故不亲附，此其所以败也。

注释

①凡六月：总共六个月。凡，总计。

②王陈：在陈县称王，即以陈县为其都城。

③之陈：前往陈县。之，往。

④宫门令：守卫宫门的长官。

⑤辩数：分辩诉说，力言自己不是坏人。数，一条一条地说。

⑥乃置：放过不管。

⑦不肯为通：不给向里禀告。

⑧遮道：拦路。遮，拦截。

⑨夥颐：惊讶诧异某种器物、景象之多与美时的一种叹词，今河北、

天津、北京等地区犹有这种口语。

⑩沉沉者：富丽深邃的样子。

⑪“夥涉为王”，由陈涉始：“夥涉”即被人呼过“夥颐”的陈涉，“夥”字遂成为外号，冠在了名字的前面。可以用以指称这种类似的草头王之多，但也可以理解为极言其变得快。

⑫发舒：放纵。

⑬颛：同“专”，专门，一味地。

⑭自引去：不辞而别。

⑮中正：官名，主管考核官吏，确定官吏的升降。

⑯司过：官名，犹如异时之监察御史，职掌纠弹。

⑰司：读为“伺”，暗中监视、查访。

⑱诸将徇地至：诸将外出作战回来。

⑲令之不是者：不服从朱房、胡武命令的人。

⑳其所不善者：凡是被朱房、胡武看着不顺眼的人。

㉑弗下吏：不交由主管官吏处置。

㉒辄自治之：经常由他们自己审理。

译文

陈胜称王前后总共六个月，他刚刚称王时建都陈郡。一位旧日一起受雇耕地的同伴听说了，来到陈郡，拍着宫门说：“我要见陈涉！”守门令要把他绑起来，这个人费了许多口舌说明自己是陈涉的老朋友，守门令才饶了他，但仍不肯给他向里通报。这时正好陈王出来，于是这个人就过去拦着车子大声呼叫陈涉。陈王听见呼声，停车叫他过来相见，叫他上车，一同回到宫里。一看宫里的殿堂陈设，这个人就惊讶地大嚷道：“夥颐！陈涉你这个王当的可真阔啊！”楚国方言称“多”叫“夥”，后来人们之所以把那些草头王们称之为“夥涉为王”，就是从陈涉开始的。这个人在宫里官外说话越来越随便，有时还讲一些陈王旧日的不体面事，于是有人劝陈王说："您的那位客人愚昧无知，专门胡说八道，降低您的威信。"陈王于是下令把他杀掉了。陈王的其他老熟人们也都悄悄地离去，从此没有再来亲近陈王的。陈王用朱房做中正官，用胡武为司过官，专管探听臣僚们的过失。将领们出去开疆辟地回来，谁要是不听从朱房、胡武的命令，朱房、胡武就把谁关起来治罪。他们以对别人的吹毛求疵来向陈王表示忠心，凡是他们不喜欢的人，他们根本不通过司法官吏，而是自己随意治他们的罪，陈王偏偏就信用这种人。各位将领们也与陈王越来越疏远，这就是陈王所以失败的原因。

原文

陈胜虽已死，其所置遣侯王将相竟亡秦，由涉首事也。高祖时为陈涉置守家三十家砀，至今血食[①]。

注释

①血食：指享受祭祀。因为祭祀时要杀牛、羊、豕作为供品，故云。

译文

陈王虽然已经死了，但是由他分封、派遣出去的侯王将相，最终灭掉了秦朝，而陈涉是首先发难者。汉高祖即位后，专门派了三十户人家在砀地为陈涉守墓，一直到今天祭祀不断。

列　传

孙子吴起列传

吴起者，卫人也，好用兵[①]。尝学于曾子，事鲁君。齐人攻鲁，鲁欲将吴起，吴起取齐女为妻，而鲁疑之。吴起于是欲就名，遂杀其妻，以明不与齐也[②]。鲁卒以为将，将而攻齐，大破之[③]。

注　释

①好用兵：意即长于用兵。

②“遂杀“二句：吴起杀妻事，他书不载。不与齐：不助齐，不倾向于齐。

③“将而“二句：历史不载，或妄传也。鲁当时已形同附庸，不可能大破齐军。

▲吴　起

译　文

吴起是卫国人，自幼喜欢兵法。曾跟着曾子求学，后来又在鲁国事奉鲁君。有一次，齐国进攻鲁国，鲁君想让吴起为将，但由于吴起的妻子是齐国人，所以鲁君又对他有疑心。吴起为了追求功名，于是就把妻子杀了，以此来表明自己与齐国毫不相干。鲁君终于让他当了大将，派他率兵迎战齐国，把齐军打得大败。

原 文

鲁人或恶吴起曰[①]："起之为人，猜忍人也[②]。其少时，家累千金，游仕不遂，遂破其家。乡党笑之，吴起杀其谤己者三十馀人[③]，而东出卫郭门，与其母诀，啮臂而盟曰[④]：'起不为卿相，不复人卫。'遂事曾子。居顷之，其母死，起终不归。曾子薄之，而与起绝。起乃之鲁，学兵法以事鲁君。鲁君疑之，起杀妻以求将。夫鲁小国，而有战胜之名，则诸侯图鲁矣。且鲁、卫，兄弟之国也[⑤]，而君用起，则是弃卫[⑥]。"鲁君疑之，谢吴起。

注 释

①恶：说人坏话。

②猜忍：残忍。

③吴起杀其谤己者三十馀人：此大约亦恶起者所夸张捏造，不足取信。

④啮臂：古人发誓时所做出的一种姿态。

⑤"鲁、卫"二句：鲁国与卫国都是姬姓诸侯国，所以称鲁、卫是兄弟之国。

⑥弃卫：吴起曾杀卫之"谤己者三十馀人"，于卫为有罪，今鲁用之，是得罪卫国，有损于两国的友好关系。

译 文

鲁国有人诋毁吴起说："吴起为人残忍。他年轻时家里蓄有千金，而他到处奔走求官没有结果，竟把全部的家产都折腾光了。同乡邻里有人笑他，他竟为此杀了三十多人。当他离开卫国国都，在东郭门与他的母亲告别时，他咬破了手臂发誓说：‘我吴起当不上卿相，就决不再回卫国！’于是他就去跟着曾子求学。不久，他母亲死了，吴起最终也没回家给母亲办丧事。曾子为此很看不起他，和他断绝了关系。吴起就到了鲁国，学了些兵法来事奉鲁君。当鲁国被攻，鲁君怀疑他跟齐国有干系时，他竟杀了自己的妻子表明心迹，来谋求将军的职位。鲁国是个小国，有了个打败大国的虚名，就会引起其他国家的图谋。何况鲁、卫又是兄弟之国，吴起在卫国犯了罪，而我们国君却重用他，这就是抛弃了卫国。”鲁君听了这些话，也怀疑吴起，不久就把他辞退了。

原文

吴起于是闻魏文侯贤，欲事之。文侯问李克曰[①]：“吴起何如人哉？”李克曰：“起贪而好色[②]，然用兵司马穰苴不能过也[③]。”于是魏文侯以为将，击秦，拔五城。

注释

①李克：即李悝，魏国名臣，协助魏文侯实行了许多新经济政策，使魏国得以富强。

②贪：此处指贪于荣名。若谓其贪于财货，则与后文之“廉平”、“节廉”矛盾。

③司马穰苴：春秋后期齐国的名将，景公时人。

译文

吴起听说魏文侯是个贤明的国君，于是来到了魏国，想去侍奉他。魏文侯问李克：“吴起这人怎么样？”李克说：“吴起贪名而好女色，但要说到用兵打仗，就是司马穰苴也比不过他。”于是魏文侯就任用吴起为将，带兵攻秦，一连夺取了秦国的五座城池。

原 文

起之为将，与士卒最下者同衣食。卧不设席，行不骑乘，亲裹赢粮[①]，与士卒分劳苦。卒有病疽者，起为吮之。卒母闻而哭之。人曰：“子卒也，而将军自吮其疽，何哭为？”母曰：“非然也，往年吴公吮其父，其父战不旋踵[②]，遂死于敌。吴公今又吮其子，妾不知其死所矣，是以哭之。”

注 释

①亲裹赢粮：亲自包裹，亲自背粮。赢，背负。

②不旋踵：犹言“不回身”，谓一直向前。踵，脚后跟。

译 文

吴起当将军时，和最下等的士兵穿一样的衣裳，吃一样的饭。睡觉不铺垫褥，行军不骑马坐车，而且还亲自装粮背粮，与士兵同甘共苦。有个士兵长了痈疮，吴起替他吮吸疮脓。这个士兵的母亲听说后，不由得哭了起来。旁人问她：“你的儿子是个无名小卒，人家将军亲自为他吸脓，你哭什么呢？”这位母亲说：“你不知道，以前吴将军也这样替孩子他爹吸过疮脓，孩子他爹就感动得勇往直前，连头都不回地战死在沙场上。如今吴将军又替我的孩子吸疮脓了，我不知道这孩子将来又会战死在什么地方，所以我才哭泣。”

原 文

文侯以吴起善用兵，廉平[①]，尽能得士心，乃以为西河守，以拒秦、韩。

注 释

①廉平：清廉公允。

译 文

魏文侯因为吴起善用兵，而且又不爱钱财，待人公平，能够得到士兵的真心拥戴，于是就任命他为西河地区的长官，以防备秦、韩两国的入侵。

原文

魏文侯既卒，起事其子武侯。武侯浮西河而下[1]，中流，顾而谓吴起曰："美哉乎山河之固，此魏国之宝也！"起对曰："在德不在险。昔三苗氏左洞庭，右彭蠡[2]，德义不修，禹灭之。夏桀之居[3]，左河、济[4]，右泰华[5]，伊阙在其南[6]，羊肠在其北[7]，修政不仁，汤放之。殷纣之国，左孟门，右太行[8]，常山在其北[9]，大河经其南[10]，修政不德，武王杀之。由此观之，在德不在险。若君不修德，舟中之人尽为敌国也。"武侯曰："善"。

注释

①西河：此称今山西与陕西交界的那段黄河。

②"昔三苗氏"二句：古人通常称西边为右，东边为左，此以人之南向而言。今三苗北向以抗舜、禹，故称三苗"左（西）洞庭，右（东）彭蠡"。三苗氏，古代传说中的南方部族。洞庭，指洞庭湖，在今湖南北部。彭蠡，彭蠡泽，即今江西北部的鄱阳湖。

③夏桀之居：夏桀是夏朝的末代帝王，都于原，今河南济源西北。

④河、济：黄河、济水，此指今河南温县东，其地为黄河与济水的分流处。

⑤泰华：即华山，在今陕西华阴南。

⑥伊阙：山名，又名龙门山，在今河南洛阳南。

⑦羊肠：指羊肠坂，太行山上的通道，以其萦曲如羊肠，故名。在今山西晋城南。

⑧左孟门，右太行：孟门、太行皆在朝歌之西（右），强言"左""右"者，为对举整齐，于实际不合。孟门，山名，在今河南辉县西。太行，山名，盘踞于今山西东南部与河南、河北交界处。

⑨常山：即恒山，在今河北曲阳西北与山西接壤处。

⑩大河：即黄河。

译文

魏文侯死后，吴起又奉事他的儿子魏武侯。魏武侯沿着黄河顺水漂流而下，中途，魏武侯环顾着四周对吴起说：“多么壮丽险要的山川形势啊！这可是我们魏国的宝物。”吴起对魏武侯说：“国家的强固是在于实行德政，而不在于地势的险要。昔日三苗氏，左倚洞庭湖，右靠鄱阳湖，可是由于他们不修德义，结果大禹灭了它。夏桀的都城，左有黄河、济水，右有华山，南有伊阙山，北有太行山的羊肠坂，但是由于他为政不仁，结果商汤流放了他。商纣王的国都，左有孟门山，右有太行山，北有恒山，南有黄河，可是由于他不实行德政，最后还是被周武王给杀了。由此看来，国家的强固，是在于德政而不在于天险。如果您要是不实行德政，这船上坐的都将变成您的敌人。”魏武侯敬佩地说：“说得好！”

原文

田文既死，公叔为相[①]，尚魏公主，而害吴起[②]。公叔之仆曰：“起易去也。”公叔曰：“奈何？”其仆曰：“吴起为人节廉而自喜名也。君因先与武侯言曰：‘夫吴起贤人也，而侯之国小，又与强秦壤界[③]，臣窃恐起之无留心也。’武侯即曰：‘奈何？’君因谓武侯曰：‘试延以公主，起有留心则必受之；无留心则必辞矣。以此卜之。’君因召吴起而与归，即令公主怒而轻君。吴起见公主之贱君也，则必辞。”于是吴起见公主之贱魏相，果辞魏武侯，武侯疑之而弗信也。吴起惧得罪，遂去，即之楚。

注释

①公叔：韩国贵族，时居魏为相。

②害：忌恨。

③“而侯之国”二句：当时秦未变法，国力未强；而魏国之文侯、武侯时代，国力为天下第一，今乃谓其“国小”，皆与实情不合，显为后人编造。壤界，犹言“接壤”，谓国土相连。

译文

田文死后，公叔接任为相，娶了魏国的公主，一向畏忌吴起。公叔的仆从说：“要想撵走吴起是很容易的。”公叔问：“怎么办？”仆从说：“吴起是个有气性、有棱角、爱名声的人。您可以先去对武侯说：‘吴起是一个能人，而我们国家比较小，又与强大的秦国接壤，我私下里担心吴起没有长久留在魏国的打算。’这时武侯如果问您：‘那怎么办呢？’您就对武侯说：‘可以用把公主嫁他的办法试试他，他要是想长期留在魏国，就会接受这门亲事；要是他不打算长期留下去，就一定会推辞。这样您就可以试探出他的想法了。’您跟武侯这样说过后，立刻就请吴起到您家里做客，您要让你们家的公主当着吴起的面对您发脾气，藐视您。吴起一见公主看不起您，他就必然会拒绝武侯的提亲。”果然，吴起一见公主蔑视公叔，就谢绝了魏武侯的提亲。魏武侯从此也对吴起有了疑心，不再信任他了。吴起害怕这样下去要倒霉，于是就离开魏国到楚国去了。

原文

楚悼王素闻起贤，至则相楚。明法审令[①]，捐不急之官[②]，废公族疏远者[③]，以抚养战斗之士。要在强兵，破驰说之言从横者[④]。于是南平百越[⑤]，北并陈、蔡[⑥]，却三晋[⑦]，西伐秦[⑧]。诸侯患楚之强，故楚之贵戚尽欲害吴起[9]。及悼王死，宗室大臣作乱攻吴起，吴起走之王尸而伏之。击起之徒因射刺吴起，并中悼王。悼王既葬，太子立[10]，乃使令尹尽诛射吴起而并中王尸者[11]，坐射起而夷宗死者七十馀家[12]。

注释

①审：确也，必也。

②捐：撤除。不急：不急需的，没有用的。

③公族：国君的同族。

④驰说：到处奔走游说。从横：同“纵横”。吴起相楚先于苏秦说赵五十年，距秦孝公用商鞅变法尚早，不应有纵横家。

⑤百越：也作“百粤”。统称当时居住在今福建、广东、广西一带的少数民族，因其种族繁多，故称“百越”。

⑥陈、蔡：西周以来的诸侯国名。陈国公元前478年被楚所灭。蔡国公元前477年被楚所灭。

⑦却：打退，打败。三晋：指韩、赵、魏三国，因为它们都是分晋建立的国家。这里实指韩、魏，因为赵国居北，不与楚国为邻。

⑧西伐秦：吴起在楚时的秦国诸侯为秦献公，国都栎阳（今陕西临潼东北）。

⑨故楚之贵戚尽欲害吴起：因吴起“捐不急之官，废公族疏远者”，触及此等利益故也。

⑩太子：名臧，即楚肃王。

⑪令尹：楚官名，职同北方诸国之丞相。

⑫坐：因，因事遭罪。夷宗：灭族。

译文

楚悼王早就知道吴起的才干，吴起一到，就让他当了楚国的丞相。吴起执政后，制订了明确的法令，而且切实地付诸实行。他裁减了所有无关紧要的官员，废除了那些与王室疏远的家族特权，把节省下来的钱财用于提高士兵的生活待遇。他的主要宗旨是在于加强军事实力，而坚决排斥那些到处奔走游说、大讲合纵连横的人。于是楚国向南平定了百越，向北兼并了陈、蔡，打退了韩、魏等国的侵扰，还几次出兵西进伐秦。各国都对楚国的强大感到不安，而楚国的旧贵族们都想谋害吴起。等到楚悼王一死，王室大臣作乱，追杀吴起。吴起逃到了楚悼王停尸的地方，趴伏在楚悼王的尸体上。追杀吴起的人在刺射吴起的时候，也一并射中了楚悼王的尸体。等到安葬完楚悼王，太子立为新君后，就让令尹把射杀吴起时连带射中悼王尸体的人一齐斩首，前后被灭族的计有七十多家。

商君列传

原 文

商君者，卫之诸庶孽公子也[①]，名鞅，姓公孙氏，其祖本姬姓也。鞅少好刑名之学[②]，事魏相公叔座为中庶子[③]。公叔座知其贤，未及进。会座病，魏惠王亲往问病，曰："公叔病，有如不可讳[④]，将奈社稷何？"公叔曰："座之中庶子公孙鞅，年虽少，有奇才，愿王举国而听之。"王嘿然[⑤]。王且去，座屏人言曰[⑥]："王即不听用鞅，必杀之，无令出境。"王许诺而去。公叔座召鞅谢曰："今者王问可以为相者，我言若，王色不许我。我方先君后臣，因谓王'即弗用鞅，当杀之'。王许我。汝可疾去矣，且见禽[⑦]。"鞅曰："彼王不能用君之言任臣，又安能用君之言杀臣乎？"卒不去。惠王既去，而谓左右曰："公叔病甚，悲乎，欲令寡人以国听公孙鞅也，岂不悖哉[⑧]！"

注释

①庶孽：古代用以指非正妻所生的孩子。公子：古代诸侯除嫡长子之外的儿子。或曰“公”字乃后人所加。

②刑名之学：即法家学说。因法家主张“循名责实”，以刑法治国，故云。

③中庶子：官名，战国时诸侯、太子、宰相身边的近侍之臣。

④不可讳：指死。讳，忌讳，避免。

⑤嘿：同“默”。

⑥屏：同“摒”，斥退，支开。

⑦禽：同“擒”。

⑧悖：乖背，荒谬。

译文

商君是卫国国君姬妾生的公子，名鞅，姓公孙氏，他的祖先本姓姬。公孙鞅年轻时喜好刑名之学，在魏相公叔座手下当侍从官中庶子。公叔座知道他有本事，但还没有来得及向国王推荐，就病倒了。公叔座生病，魏惠王亲自前往探问病情，问道：“您万一有个三长两短，那国家社稷该怎么办？”公叔座说：“我的侍从公孙鞅虽然年轻，但有奇才，大王可将国家大事托付给他。”魏惠王听了没有说话。等到魏惠王要走了，公叔座支开周围的人对魏惠王说：“大王如果不愿听我的推荐任用公孙鞅，那就请您把他杀掉，不能让他到别的国家去。”魏惠王答应了。魏惠王走后，公叔座派人把公孙鞅找来，告诉他说：“今天大王向我问起以后谁能做魏相，我推举了你，但我看大王的意思是不想听我的话。我办事的原则是先忠于国君，而后才是忠于朋

▲商　君

友，所以我当时又对大王说‘如果您不用公孙鞅，那就立即把他杀掉’，大王已经答应了我。你应该马上离开魏国，不然就要被他们杀掉了。”公孙鞅说：“既然大王不能听您的话重用我，又怎么能听您的话杀我呢？”于是他哪里也没去。魏惠王离开公叔座家，就对左右说：“公叔座真是病得糊涂了，叫人伤心！他竟然想让我把国家大事都托付给公孙鞅，这不是荒唐透顶吗？”

原文

公叔既死，公孙鞅闻秦孝公下令国中求贤者，将修缪公之业①，东复侵地②。乃遂西入秦，因孝公宠臣景监以求见孝公。孝公既见卫鞅，语事良久，孝公时时睡，弗听。罢而孝公怒景监曰：“子之客妄人耳③，安足用邪！”景监以让卫鞅。卫鞅曰：“吾说公以帝道④，其志不开悟矣。后五日，复求见鞅⑤。”鞅复见孝公，益愈⑥，然而未中旨。罢而孝公复让景监，景监亦让鞅。鞅曰：“吾说公以王道而未入也⑦，请复见鞅。”鞅复见孝公，孝公善之而未用也。罢而去，孝公谓景监曰：“汝客善，可与语矣。”鞅曰：“吾说公以霸道⑧，其意欲用之矣。诚复见我，我知之矣。”卫鞅复见孝公。公与语，不自知厀之前于席也。语数日不厌。景监曰：“子何以中吾君？吾君之欢甚也。”鞅曰：“吾说君以帝王之道比三代，而君曰：‘久远，吾不能待。且贤君者，各及其身显名天下，安能邑邑待数十百年以成帝王乎⑨？’故吾以强国之术说君，君大说之耳；然亦难以比德于殷周矣⑩。”

注释

①缪公：也作“穆公”，名任好，春秋前期秦国的国君，在位时政治修明，曾称霸西戎，为春秋“五霸”之一。

②东复侵地：缪公时，秦国曾几次打败晋国，把国境向东推进到了今陕西、山西交界的黄河边上。战国初期以来，秦国中落，黄河以西的陕西地区又被魏国占领。

③妄人：徒作大言而不近实际的人。妄，虚妄，狂妄。

④帝道：五帝治国的办法策略。五帝是儒家推崇的古代圣王。

⑤“后五日”二句：注此文者例将此七字置于引号外，而此实乃商鞅对景监之祈请语，应接连上文一气读下。

⑥益愈：稍好了一点，言其效果已不似上次之使孝公“时时睡，弗听”了。

⑦王道：三王的治国之道。三王也是儒家推崇的古代圣王，不过比起五帝来要低一等。“三王”是夏禹、商汤、周文王和周武王（武王继承父业，故与文王合称一王）。

⑧霸道：五霸的治国之道。五霸在儒家心目中是不被特别推崇的。

⑨邑邑：同“悒悒”，苦闷不安的样子。

⑩难以比德于殷周：儒家鼓吹王、霸之别，又宣扬一代不如一代，司马迁对于商鞅见秦孝公的这段描写，显然是表现了儒家的守旧思想。

译 文

公叔座死后，公孙鞅听说秦孝公在国内下了命令招贤纳士，准备重新光大秦缪公的事业，向东方收复被侵占的土地。于是他就西行来到了秦国，通过秦孝公的宠臣景监求见秦孝公。秦孝公召见公孙鞅后，与秦孝公谈了好久，秦孝公直打瞌睡，一点也听不进去。待公孙鞅走后，秦孝公生气地斥责景监说：“你介绍来的客人是个说话不着边际的人，这种人怎么能用呢？”景监出来就用秦孝公的话责备公孙鞅，公孙鞅说：“我当时是拿了帝道来开导他的，看来他对这个还不能领悟。希望你在五天之后，再向孝公引见我。”公孙鞅第二次见到秦孝公后，情况比上次略好了一点，但还是不能让秦孝公满意。事情过后秦孝公又斥责景监，景监又去责备公孙鞅。公孙鞅说：“这次我是拿了王道来开导他的，他还是听不进去，请你再引见我。”于是公孙鞅第三次见到了秦孝公。这次交谈之后，秦孝公对他的言论已经有所肯定，只是还没有充分听取。之后，秦孝公对景监说：“你这位客人不错，我跟他还谈得来。”公孙鞅说：“这回我是拿了霸道来开导他的，看他的意思是想采用了。如果他能够再接见我，我知道该进一步和他说什么了。”于是公孙鞅第四次见到了秦孝公。

这一次秦孝公和公孙鞅谈话，不知不觉地他的膝盖总是向着公孙鞅的座位凑拢，一连听他谈了几天都没有听够。景监问公孙鞅说："你是拿什么打动了我们国君的心意？我们的国君高兴极了。"公孙鞅说："我先是拿五帝三王治国的办法开导他，希望他能把秦国治理得可以和夏商周三代相比，可是你们的国君说：'用这种办法太慢了，我等不了。况且作为一个贤君，都希望在位时就能扬名于天下，我怎么能慢慢腾腾地到几十年以至上百年后再成就帝王大业呢？'所以我后来只用富国强兵的办法来劝说大王，结果这些使他非常喜欢。但是这样做，秦国也就不可能再达到殷朝、周朝那样的仁德水平了。"

原 文

孝公既用卫鞅，欲变法，恐天下议己。卫鞅曰："疑行无名[①]，疑事无功。且夫有高人之行者，固见非于世；有独知之虑者[②]，必见敖于民[③]。愚者暗于成事[④]，知者见于未萌[⑤]。民不可与虑始，而可与乐成。论至德者不和于俗[⑥]，成大功者不谋于众。是以圣人苟可以强国，不法其故；苟可以利民，不循其礼。"孝公曰："善。"甘龙曰："不然。圣人不易民而教[⑦]，知者不变法而治。因民而教[⑧]，不劳而成功；缘法而治者[⑨]，吏习而民安之。"卫鞅曰："龙之所言，世俗之言也。常人安于故俗，学者溺于所闻[⑩]。以此两者居官守法可也，非所与论于法之外也[⑪]。三代不同礼而王，五伯不同法而霸。智者作法，愚者制焉；贤者更礼，不肖者拘焉。"杜挚曰："利不百，不变法；功不十，不易器。法古无过，循礼无邪。"卫鞅曰："治世不一道，便国不法古。故汤武不循古而王，夏殷不易礼而亡[⑫]。反古者不可非，而循礼者不足多。"孝公曰："善。"以卫鞅为左庶长[⑬]，卒定变法之令[⑭]。

注 释

①疑：犹豫，不自信。

②独知：知人所不知。

③敖：同“謷”，诋毁。

④暗：不明白。

⑤知：同“智”。萌：萌芽，发生。

⑥论：讲究。

⑦易民：指改变人们旧有的风俗习惯。易，改换。

⑧因：顺着，按着。

⑨缘：沿袭。

⑩溺：沉醉，拘泥。

⑪法之外：旧法以外的事情，指变法而言。

⑫夏殷：指夏、殷的末代帝王桀、纣而言。

⑬以卫鞅为左庶长：据《秦本纪》，商鞅为左庶长是在变法后，不是在此时。左庶长，秦爵位名，为第十等。

⑭卒定变法之令：据《秦本纪》，商鞅说孝公变法在孝公三年（公元前359年）。

译文

秦孝公任用公孙鞅后，想要在秦国实行变法，但秦孝公害怕天下人议论自己。公孙鞅说：“修养操行如果犹豫不定就不能成名，做事如果犹豫不定就不能成功。一个人的操行如果出类拔萃，就肯定要遭到世人的攻击；一个人的见解如果特别独到，就必然要受到一般人的诋毁。愚昧的人当别人把事情都办成了，他还在那里迷惑不解；而智慧的人则不用等问题发生，早就已经预见到了。对于老百姓，不论做什么事，在开头的时候不能和他们商量，而只能在办成以后和他们共享成果。讲究最高道德的人和一般世俗的人是不能合群的，要干大事业的人不能去征求那些芸芸众生的意见。圣人只要是能使国家富强，就不必去效法古代的典章；只要是能使百姓得利，就不必遵循旧时的礼教。”秦孝公说：“讲得好。”甘龙说：“不对。圣人在教育人的时候从不改变人们旧有的风俗习惯；智慧的人在治理国家的时候从不改变国家原有的法度。按照人们旧有的习俗来进行教育，就能不费劲地获得成功；遵照原有的制度来治理国家，就不仅能让官吏们顺手，而且百姓们也能够相安无事。”公孙鞅说：“甘龙所说的，都是些最世俗的话。普通人总是安于一套已有的习俗，书呆子们总是迷信书本的条文。按照甘龙所说的那两条奉公守法地维持旧有秩序是可以的，但不可能和他讨论法制以外的事情。夏、商、周三代都称王，但他们奉行的礼教是不同的；五伯都是霸主，但执行的法度也不完全相同。法度是聪明人制订的，而愚蠢的人只知道遵行；礼教是有才干的人改立的，而一些无能的人则只能接受约束。”杜挚说：“见不到百倍的好处，不能变法；看不准十倍的功效，不能更换旧的器物。按古代的章程做，就绝不会错；按旧的礼法走，就绝不会走邪路。”公孙鞅说：“治理天下的办法是不一样的，我们要的是方便有利，而不是为了仿效古人。商汤和周武王都没有遵循古法而成就了王业，夏桀和殷纣倒是没有改变旧礼却亡了国。可见改变古法的人不一定就要否定，而遵循旧礼的人也不见得就值得赞扬。”秦孝公说：“讲得好。”于是任命公孙鞅为左庶长，并很快地确定了变法的条令。

原文

令民为什伍，而相牧司连坐[①]。不告奸者腰斩，告奸者与斩敌首同赏，匿奸者与降敌同罚。民有二男以上不分异者，倍其赋[②]。有军功者，各以

率受上爵[3]；为私斗者，各以轻重被刑大小。僇力本业[4]，耕织致粟帛多者复其身[5]。事末利及怠而贫者[6]，举以为收孥[7]。宗室非有军功论[8]，不得为属籍[9]。明尊卑爵秩等级[10]，各以差次名田宅[11]，臣妾衣服以家次[12]。有功者显荣，无功者虽富无所芬华[13]。

注释

①牧司：相互监督、窥伺。连坐：一家犯罪，同什伍的其他各家如不告发，就与犯罪者一同受罚。

②“民有”二句：此规定的宗旨在于鼓励发展生产和增加人口。男，丁男，成年男子。分异，指分家。

③率：标准，规定。

④僇力：并力，尽力。僇，同“戮”。本业：指农业。

⑤复其身：免除其自身的劳役负担。复，免除。

⑥事末利：指经营工商以求利。末，指工商业，与农业对举而言。

⑦举：尽，全部。收孥：收为奴隶。孥，此处同“奴”。

⑧论：论叙，铨评。

⑨属籍：享受特权的亲属名册。

⑩爵秩：爵禄的等级。

⑪差次：差别次序，即指等级。名：以自己名义占有。

⑫家次：家族的等级。

⑬芬华：荣华，贵盛显耀。

译文

新法把居民十家编为一“什”，五家编为一“伍”，让他们互相监督，一家出事，其他各家都要受牵连。知道谁是坏人而不告发的要被腰斩；而告发坏人的与斩获一个敌人首级的奖赏相同。一家有两个以上的成年男人而不分开过的，要加倍地交纳赋税。享有军功的人，可以根据规定加官晋爵；为私仇而打架斗殴的，要根据情节轻重给以惩罚。新法鼓励农民好好发展农业，对于那些在耕田织布方面作出了成绩的，可以免除他们的劳役。对于从事经商或由于懒惰而变穷的，一律把他们降为奴隶。国君的宗族凡是没有军功可以论叙的，一律把他们从贵族谱牒上开除出去。要严格地按照爵位的尊卑划分等级，让人们按照等级的高低来占有不同的田宅。私家的奴婢穿什么样的衣服都要随着主人的地位而定。有军功的人才能显贵荣华，没有军功的人即使有钱，也没有社会地位。

原　文

令既具，未布①，恐民之不信己，乃立三丈之木于国都市南门，募民有能徙置北门者予十金。民怪之，莫敢徙。复曰："能徙者予五十金。"有一人徙之，辄予五十金，以明不欺。卒下令。

注　释

①布：发布，颁布，公布。

译　文

新法已经制定好，还没有公布，公孙鞅担心百姓们怀疑政府说话是否算数，于是就在国都市场的南门立了一根三丈长的杆子，招募百姓有谁能把它扛到市场的北门，就赏给他十锭金子。百姓们觉得奇怪，没人敢动。于是公孙鞅又说："谁能把它扛到北门，赏给他五十锭金子。"这时出来一个人把它扛到了北门，公孙鞅立即赏给了他五十锭金子，以表明政府决不欺骗。随后就颁布了新法。

原　文

令行于民期年，秦民之国都言初令之不便者以千数①。于是太子犯法②，卫鞅曰："法之不行，自上犯之。"将法太子。太子，君嗣也③，不可施刑，刑其傅公子虔，黥其师公孙贾。明日，秦人皆趋令[4]。行之十年[5]，秦民大说，道不拾遗，山无盗贼，家给人足。民勇于公战，怯于私斗，乡邑大治。秦民初言令不便者有来言令便者，卫鞅曰："此皆乱化之民也[6]。"尽迁之于边城。其后民莫敢议令。

注释

①初令：指商鞅新定不久的法令。

②太子犯法：秦孝公即位年二十一岁，秦孝公六年（公元前356年）才二十七岁，所生太子不过是个幼童，说太子这年犯法的事不可信。太子犯法当在秦孝公十六年（公元前346年）。孝公去世前五月，赵良见商君说"公子虔杜门不出，已八年矣"，由此上推八年，也正是秦孝公十六年。

③君嗣：国君的继承者。

④趋：归依。这里即指服从。

⑤行之十年："十年"当作"七年"。孝公十年，以商鞅为大良造时变法施行了七年。

⑥化：风俗，风气。这里即秩序、治安的意思。

译文

推行新法的第一年，秦国有上千人到都城来反映新法不好。这时秦孝公的太子犯了法，公孙鞅说："法令之所以行不通，关键就在于上头有人破坏。"于是他准备依法处置太子。但太子是国君的继嗣，不能对他施刑，于是就处罚了太子的太傅公子虔，将他的太师公孙贾处以墨刑。结果第二天，秦国人就都按着新法办了。到新法推行第十年后，秦国的百姓们就变得十分喜欢新法了，这时道上掉了东西没人捡，山里头没有盗贼，家家户户都过得很富裕。人们都勇于为国从军，而不敢为私仇殴斗，乡村城镇到处是一片太平。过去那些曾经说过新法不好的人，现在又反过来说新法好了。公孙鞅说："这些都是扰乱国家秩序的刁民。"于是把他们一律都迁到了边境上。从此百姓们谁也不敢再随便议论新法了。

原文

于是以鞅为大良造①，将兵围魏安邑，降之②。居三年，作为筑冀阙宫庭于咸阳③，秦自雍徙都之④。而令民父子兄弟同室内息者为禁⑤。而集小乡邑聚为县⑥，置令、丞⑦，凡三十一县。为田开阡陌封疆⑧，而赋税平。平斗桶权衡丈尺⑨。行之四年，公子虔复犯约，劓之⑩。居五年⑪，秦人富强，天子致胙于孝公⑫，诸侯毕贺。

注释

①以鞅为大良造：事在孝公十年（公元前352年）。大良造，即大上造，秦爵的第十六等。

②围魏安邑，降之：商鞅此次攻打的不是安邑而是固阳。

③作为筑：都是建造的意思。三字同义而连用，此种形式《史记》中多有。

④秦自雍徙都之：此处叙事有误。秦国自灵公时由雍徙都泾阳；献公时又由泾阳徙都于栎阳；至孝公十二年（公元前350年）乃由栎阳迁都于咸阳。

⑤同室内息者为禁：禁止父子兄弟同住一间屋是为了鼓励分家、增殖，同时也是为了整顿风纪。

⑥集：归并。乡、邑、聚：都是当是的基层居民编制。乡，略同于今之乡。邑，城镇。聚，自然村。

⑦令、丞：县令与县丞。县丞是县令的副手。

⑧开：拆除，废除，实际是废除旧的，另设新的。阡陌：兼为地界用的田间小路，南北向的曰阡，东西向的曰陌。封疆：亦指地界。

⑨平：统一，划一。斗桶：皆量器，六斗为一桶。桶与斛同。权衡：即指秤。权，秤锤。衡，秤杆。

⑩劓：古代刑罚的一种，即割掉鼻子。

⑪居五年：应作“居三年”，即孝公十九年（公元前 343 年）。

⑫天子致胙：古时天子祭祀鬼神后，常把用过的祭肉分送给某个诸侯大臣，以表示对他的格外尊宠。

于是秦孝公封公孙鞅为大良造，派他率兵包围了魏国的固阳，使固阳投降了秦国。又过了三年，秦国在咸阳建造了城阙宫殿，把国都从雍迁到了咸阳。接着秦国禁止父子兄弟同住一间屋子。把若干乡、邑、聚归并为县，各县里设置县令、县丞，全国共设三十一个县。废除了原有的田埂地界，让人们重新认领土地，公平地向国家交纳赋税。又统一了度量衡。这些新制度实行第四年后，公子虔又犯了法，被割掉了鼻子。第五年，秦国就非常富强了，周天子派人给秦孝公送来了祭肉，表示承认他是霸主，各国的诸侯们都来向秦国朝拜称贺。

原 文

其明年，齐败魏兵于马陵，虏其太子申，杀将军庞涓。其明年，卫鞅说孝公曰：“秦之与魏，譬若人之有腹心疾[1]，非魏并秦，秦即并魏。何者？魏居领厄之西[2]，都安邑[3]，与秦界河而独擅山东之利[4]。利则西侵秦[5]，病则东收地[6]。今以君之贤圣，国赖以盛；而魏往年大破于齐，诸侯畔之[7]，可因此时伐魏。魏不支秦，必东徙。东徙，秦据河山之固[8]，东乡以制诸侯，此帝王之业也。”孝公以为然，使卫鞅将而伐魏。魏使公子卬将而击之[9]。军既相距[10]，卫鞅遗魏将公子卬书曰：“吾始与公子欢[11]，今俱为两国将，不忍相攻。可与公子面相见，盟，乐饮而罢兵，以安秦、魏。”魏公子卬以为然。会盟已[12]，饮，而卫鞅伏甲士而袭虏魏公子卬，因攻其军，尽破之以归秦。魏惠王兵数破于齐、秦，国内空，日以削，恐，乃使使割河西之地献于秦以和[13]。而魏遂去安邑，徙都大梁[14]。梁惠王曰：“寡人恨不用公叔座之言也。”卫鞅既破魏还，秦封之於、商十五邑[15]，号为商君[16]。

注释

①腹心疾：比喻两国紧相靠近，不能两立之形也。

②领厄：山岭险要之地，指今山西南部之中条山。领，同“岭”。

③都安邑：魏之旧都安邑在今河南夏县西北。魏于惠王九年亦即秦孝公元年已迁都大梁，此时不都安邑。

④擅：专有。山东：崤山以东。此处似指今之河南、山西一带地区。

⑤利：指攻秦有利时。

⑥病：不利，指攻秦不利时。东收地：攻取东方各国的地盘。

⑦畔：同“叛”。

⑧河山：指黄河与崤山。

⑨公子卬：魏惠王的儿子，时为魏国大将。

⑩相距：对峙。距，通“拒”，对抗。

⑪始与公子欢：指商鞅昔日在魏时事也。欢，友好，相得。

⑫盟：订立盟约。已：完成，过后。

⑬割河西之地献于秦：此事在秦惠文王八年，不在此时。

⑭徙都大梁：据《魏世家》，魏国迁都于大梁在魏惠王三十一年，正在此年，然今研究战国史者皆依《竹书纪年》系魏国迁都于秦孝公元年，则与商鞅之功无关矣。

⑮於、商十五邑：於、商一带的十五座城邑，约当今河南之西峡以及今陕西之商县一带。

⑯商君：当时的各

诸侯国主例皆称“王”，而诸侯国内的封建领主则例皆称“君”。

译文

秦国称霸的第二年，齐国大败魏兵于马陵，俘虏了魏国的太子申，杀死了魏国的大将庞涓。转过年来，公孙鞅对秦孝公说：“秦、魏两国的对立，就像一个人的心腹里有病一样，不是魏国灭了秦，就是秦国灭了魏，二者不能并存。为什么呢？魏国处在险要的中条山以西，建都安邑，与秦国只隔着一道黄河，实际上是控制着整个崤山以东的大局。条件有利，就西进攻秦；条件不利，可以向东方发展。如今由于您的圣明，秦国强盛起来了。去年魏国被齐国打得大败，各国诸侯都抛弃了它，我们可以乘此机会进攻魏国。魏国抗不住我们，肯定就会向东迁移。魏国一旦迁走，秦国就可以独自控制黄河、崤山的险要形势了。那时我们再出兵东下控制各国诸侯，就可以成就帝王大业了。”秦孝公觉得有理，就派公孙鞅率兵伐魏。魏国派公子卬领兵迎击。两军相对，公孙鞅派人送给公子卬一封信说：“我在魏国时和你是好朋友，今天我们为敌对的两国领兵，我不忍心互相攻打。我想和你当面订盟，欢宴后各自罢兵，让秦、魏两国都得到安宁。”公子卬信以为真，便过来与公孙鞅见面会盟。正在欢饮的时候，公孙鞅让预先埋伏的武士突然虏获了公子卬，接着又对魏军发起攻击，大败魏军后而返回秦国。魏惠王见到自己的国家连连被齐国、秦国击破，国内空虚，国势越来越弱，心里害怕，于是只得把黄河以西的土地全部割给了秦国，以此作为求和的条件。而后魏惠王也离开安邑，将国都迁到了大梁。魏惠王说：“我真后悔当时没有听公叔座的话。”公孙鞅破魏返回后，秦孝公把於、商一带的十五邑封给他，称他为商君。

原文

商君相秦十年[①]，宗室贵戚多怨望者[②]。

注释

①相秦十年：商鞅孝公元年入秦，三年变法，六年为左庶长，十年为大良造，二十二年封商君，二十四年孝公卒而鞅死，不止十年，疑当作“二十年”，自为左庶长时始。

②怨望：犹怨恨。望，亦怨恨之义。

译文

商君在秦国为相十年，秦国的宗室贵戚们有很多人怨恨他。

原文

秦孝公卒，太子立。公子虔之徒告商君欲反，发吏捕商君[1]。商君亡至关下[2]，欲舍客舍。客人不知其是商君也[3]，曰：“商君之法，舍人无验者坐之[4]。”商君喟然叹曰：“嗟乎，为法之敝一至此哉！”去之魏。魏人怨其欺公子卬而破魏师，弗受。商君欲之他国。魏人曰：“商君，秦之贼。秦强而贼入魏，弗归[5]，不可。”遂内秦[6]。商君既复入秦，走商邑，与其徒属发邑兵北出击郑[7]。秦发兵攻商君，杀之于郑黾池[8]。秦惠王车裂商君以徇[9]，曰：“莫如商鞅反者！”遂灭商君之家。

注释

①发吏捕商君：主语为秦惠文王，因其为太子时曾因“犯法”而受商君惩治，也恨商鞅。

②亡：逃跑。关：似指函谷关，为秦国东部的关塞。

③客人：指客舍主人。

④舍人：留人住宿。验：证。这里指证件。坐之：因之而获罪。

⑤归：送回。

⑥内秦：将商鞅押送回秦国。内，同“纳”。

⑦徒属：党羽部属。邑兵：商君领地十五邑之兵也。郑：秦县名，即今陕西华县，其地在商君领地之北，相隔不远。

⑧郑黾池：郑县之黾池。据《六国年表》，商鞅被擒杀在今陕西华县西面之彤城，“黾池”疑为“彤地”之讹。

⑨徇：巡行示众。

秦孝公去世，太子即位。这时公子虔等人诬告商君想要造反，派兵捉拿商君。商君逃到秦国的边境，想找客店住宿，客店的主人不知道他就是商君，对他说：“商君的法令规定，凡是留宿没有证件的客人，店主人是要判罪的。”商君叹了一口气说：“唉！变法的危害竟然害到了自己头上来了。”于是他离开秦国逃到了魏国。魏国人恨他当初欺骗公子卬打败了魏国军队，不肯收留他。商君想再到别的国家去。魏国人说：“商君是秦国的罪犯。秦国强大，它的罪犯逃到了魏国，魏国不把他送回秦国是不行的。”于是魏国人把商君送回了秦国境内。商君回到秦国后，迅速奔到他的封地商邑，与他的部属一起征集了领地上的士兵，向北攻打郑邑。这时秦国出动大军攻打商君，在郑邑附近的彤城把他杀死了。秦惠王把商君车裂示众，说：“谁也不要像商鞅那样反叛国家！”接着又杀了商君全家。

原 文

太史公曰：商君，其天资刻薄人也[①]。迹其欲干孝公以帝王术[②]，挟持浮说，非其质矣[③]。且所因由嬖臣；及得用，刑公子虔，欺魏将卬，不师赵良之言，亦足发明商君之少恩矣[④]。余尝读商君《开塞》《耕战》书[⑤]，与其人行事相类。卒受恶名于秦，有以也夫！

注 释

①其天资刻薄人也：史公对法家人物，好用类似词语，皆见史公感情之偏颇。

②迹：追踪，考察。干：求见。

③非其质：不是他的真心所在。质，实也。

④发明：表明，证明。

⑤《开塞》《耕战》书：皆商鞅著作的篇目名，见《商君书》。开塞，“塞”谓国事的混乱衰败；“开”谓实行严刑则可使滞塞得通，国事得治。耕战，谓奖励农耕及勇于杀敌。

太史公说：商君是一个天性刻薄狠毒的人。考察一下他当初之所以要用五帝三王治理国家的办法来劝说秦孝公，也不过是说空话而已，那些根本不是出于他的本心。而且他又是通过秦孝公的一个宠臣做引荐，路子不正。等到受重用以后，又处罚了公子虔，欺骗了魏将公子卬，后来又不听从赵良的劝告，这些事实全都可以表明商君的残忍寡恩。我曾经读过商君的《开塞》《耕战》等文章，文章的思想风格和他的行事为人大致相同。他最后在秦国蒙受恶名而被杀，这是有原因的啊！

魏公子列传

原 文

魏公子无忌者，魏昭王少子而魏安釐王异母弟也。昭王薨，安釐王即位，封公子为信陵君。是时范雎亡魏相秦[①]，以怨魏齐故，秦兵围大梁，破魏华阳下军，走芒卯[②]。魏王及公子患之。

注 释

①范雎：字叔，原魏人，因遭须贾诬陷，几被魏相魏齐打死。后来逃

到秦国，改名张禄，为秦昭王相。

②走：赶跑。芒卯：魏将。

魏公子无忌，是魏昭王的小儿子，魏安釐王的同父异母兄弟。魏昭王去世后，魏安釐王继位，封魏公子为信陵君。当时魏国的逃臣范雎正在秦国当丞相，因为怨恨魏国丞相魏齐，曾派兵一度包围了魏国的大梁，又击败了驻守在华阳的魏国军队，打跑了魏将芒卯。魏王和魏公子对这种形势深感忧虑。

▲ 魏公子

原 文

公子为人仁而下士，士无贤不肖皆谦而礼交之，不敢以其富贵骄士。士以此方数千里争往归之，致食客三千人。当是时，诸侯以公子贤，多客，不敢加兵谋魏十馀年①。

注 释

①不敢加兵谋魏十馀年：此事不实。自魏安釐王立，秦无年不犯，赵亦曾攻魏。

译 文

魏公子为人仁厚又能礼贤下士，士无论是有才干的还是没才干的，他都以礼相待，从不因自己的地位高贵而待人傲慢。因此方圆几千里的游士们都争先恐后地去投奔他，他门下的食客有三千多人。当时，就因为魏公子贤明，而且门下又有很多能干的宾客，各国诸侯都不敢出兵来谋攻魏国。

原文

公子与魏王博[1]，而北境传举烽，言“赵寇至，且入界”。魏王释博，欲召大臣谋。公子止王曰：“赵王田猎耳，非为寇也。”复博如故。王恐，心不在博。居顷，复从北方来传言曰：“赵王猎耳，非为寇也。”魏王大惊，曰：“公子何以知之？”公子曰：“臣之客有能深得赵王阴事者，赵王所为，客辄以报臣，臣以此知之。”是后魏王畏公子之贤能，不敢任公子以国政。

注释

①博：下棋。

译文

有一次，魏公子正和魏王下棋，这时从北部边境突然传来报警烽火，说是“赵国向我们进攻，敌军很快就要进入我们的国境”。魏王推开棋盘，就要召集大臣们商议。魏公子劝止魏王说：“那是赵王出来打猎，不是侵犯我国。”仍接着下棋。但魏王还是害怕，心思不在棋上。过不多时，又有消息从北边传来说：“是赵王打猎罢了，不是侵犯我国。”魏王很惊讶，问道：“你怎么就知道呢？”魏公子说：“我的宾客中有人能掌握赵王的秘密，赵王有什么活动，我的宾客都能及时向我报告，因此我很清楚。”从这件事情以后，魏王开始害怕魏公子的才能，不敢把国家大事交给魏公子办了。

原文

魏有隐士曰侯嬴，年七十，家贫，为大梁夷门监者[1]。公子闻之，往请，欲厚遗之。不肯受，曰：“臣修身絜行数十年[2]，终不以监门困故而受公子财[3]。”公子于是乃置酒大会宾客。坐定，公子从车骑，虚左[4]，自迎夷门侯生。侯生摄敝衣冠[5]，直上载公子上坐，不让，欲以观公子，公子执辔愈恭。侯生又谓公子曰："臣有客在市屠中，愿枉车骑过之[6]。"公子引车入市。侯生下见其客朱亥，俾倪[7]，故久立与其客语，微察公子，公子颜色愈和。当是时，魏将相宗室宾客满堂，待公子举酒。市人皆观公子执辔。从骑皆窃骂侯生。侯生视公子色终不变，乃谢客就车[8]。至家，公子引侯生坐上坐，遍赞宾客[9]，宾客皆惊。酒酣，公子起，为寿侯生前。侯生因谓公子曰："今日嬴之为公子亦足矣。嬴乃夷门抱关者也[10]，而公子亲枉车骑，自迎嬴于众人广坐之中。不宜有所过[11]，今公子故过之。然嬴欲就公子之名，故久立公子车骑市中。过客以观公子，公子愈恭。市人皆以嬴为小人，而以公子为长者能下士也[12]。"于是罢酒，侯生遂为上客。

注释

①夷门监者：夷门的守门人。夷门，魏都大梁的东门。

②絜行：保持自己的清白品格。絜，同"洁"。

③终：无论如何。

④虚左：空着左边的座位。当时以左为尊。

⑤摄：整理。

⑥枉：绕弯，绕远，谦辞。过：拜访。

⑦俾倪：同"睥睨"，斜视，用余光偷看人。

⑧谢：辞别。

⑨遍赞宾客：把宾客一个个地向侯生作了介绍，极力赞赏侯生。

⑩抱关：守门。关，门闩。

⑪过：过分，指超出常格的礼数。

⑫长者：君子，厚道人。

译文

魏国有个隐士叫侯嬴，七十岁了，家境贫穷，在大梁的夷门看城门。魏公子听说这个人后，就亲自去拜访他，想要送给他一些东西。但侯嬴不要，他说："我保持清高廉洁已经几十年了，我绝不能因为看门人生活清苦而接受您的东西。"魏公子于是就举办了一个盛大的宴会。等客人们都坐定后，魏公子就带着车马随从，空着车子左边的上座，亲自到夷门去接侯嬴。侯嬴整理了一下自己的破衣冠，径直上去坐在了车子左边的尊位上，一点也不谦让，想看看魏公子的态度如何，魏公子在那里抓着缰绳态度更加恭敬。侯嬴上车后又对魏公子说："我有一个朋友在集市的肉店里，麻烦你的车子绕个弯，带我过去看看他。"魏公子赶着车子来到了集市。侯嬴从车上下来找到了他的朋友朱亥，二人故意地在那里说个不休。侯嬴斜着眼睛观察着魏公子，魏公子的神态比刚才显得还要平静温和。当时，在魏公子的家里，那满座的贵族将相们，满堂的贵宾，都在等着公子回来开席。集市上的人们也都很惊奇地看着魏公子在给一个什么人牵着缰绳。而魏公子的那些随从们则偷偷地大骂着侯嬴。侯嬴见魏公子的态度始终没有变化，这才辞别了朱亥，重新上车，来到魏公子府中。魏公子请侯嬴坐到上座，把宾客们一一地向侯嬴作了介绍，宾客们见状都很吃惊。当大家饮酒饮到了最痛快的时候，魏公子又站起身来，恭恭敬敬地到侯嬴面前向他敬酒。侯嬴这时对魏公子说："今天我也够难为公子了。我不过是夷门的一个守门人，而公子竟能屈尊地赶着车子，把我接到了这大庭广众中来，有些地方按理说那不是公子该去的，可是公子居然也去了。但我当时也是为了成就公子的好名声，所以才故意地让公子带着车马在市场上罚站。当时来来往往的人都看公子，而公子显得越来越谦逊。这样就可以让整个集市的人们都骂我是小人，而称赞公子为人厚道、礼贤下士。"于是大家尽欢而散，侯嬴从此成了魏公子的座上宾。

原　文

侯生谓公子曰："臣所过屠者朱亥，此子贤者，世莫能知，故隐屠间耳。"公子往数请之，朱亥故不复谢①，公子怪之。

注 释

①复谢：答谢，回访。

侯嬴对魏公子说："前些天我所拜访的那个屠户朱亥，是个能人，因为没有人了解他，所以他才隐居在屠户中间。"魏公子听说后一连几次地去拜访他，而朱亥却故意一次也未回拜，魏公子感觉很奇怪。

原 文

魏安釐王二十年，秦昭王已破赵长平军①，又进兵围邯郸。公子姊为赵惠文王弟平原君夫人，数遗魏王及公子书，请救于魏。魏王使将军晋鄙将十万众救赵。秦王使使者告魏王曰："吾攻赵旦暮且下，而诸侯敢救者，已拔赵，必移兵先击之。"魏王恐，使人止晋鄙，留军壁邺②，名为救赵，实持两端以观望。平原君使者冠盖相属于魏③，让魏公子曰："胜所以自附为婚姻者，以公子之高义，为能急人之困。今邯郸旦暮降秦而魏救不至，安在公子能急人之困也！且公子纵轻胜，弃之降秦，独不怜公子姊邪！"公子患之，数请魏王，及宾客辩士说王万端。魏王畏秦，终不听公子。公子自度终不能得之于王，计不独生而令赵亡，乃请宾客，约车骑百馀乘④，欲以客往赴秦军，与赵俱死。

注 释

①破赵长平军：事在公元前 260 年，是役秦将白起大败赵将赵括，坑杀赵卒四十馀万。

②留军壁邺：在邺县止军筑垒。邺，魏县名，在今河北磁县南。

③冠盖：冠冕、车盖。属：连。

④约：准备，具办。

译 文

魏安釐王二十年（公元前 260 年），秦昭王在长平大破赵军后，又进兵包围了赵国的首都邯郸。魏公子的姐姐是赵惠文王的弟弟平原君的夫人，平原君一连几次给魏王和魏公子写信，向魏国求救。开始时魏王也曾派出了将军晋鄙率兵十万前往援救赵国。但后来秦王派使者来威胁魏王说："邯郸很快就要被我们攻下来了，哪个国家胆敢援救赵国，等我们攻下邯郸后，就首先移兵打它。"魏王害了怕，就派人让晋鄙把军队停在了邺县，名义上是要救赵，实际上是观望动静，脚踩两只船。平原君告急的使者，一批批络绎不绝，他责备魏公子说："我当初之所以和你结为亲戚，就是看在了你为人重义，到关键时刻能急人之困。如今邯郸很快就得投降秦国，而魏国的救兵却迟迟不到，你的急人之困表现在哪里呢？再说，你即使不把我看在眼里，抛弃我们去投降秦国，难道你就不可怜你的姐姐吗？"魏公子听了很焦急，他多次去向魏王请求，他周围的宾客辩士们也千方百计地对魏王进行劝说。但魏王由于害怕秦国，无论如何不答应。魏公子估摸着不能说服魏王了，而自己又不能眼看着赵国灭亡而自己活着，于是他就邀集了他的宾客们，凑了一百多辆车，准备率领他们去跟秦军拼命，和赵国共存亡。

原文

行过夷门，见侯生，具告所以欲死秦军状。辞决而行，侯生曰："公子勉之矣，老臣不能从。"公子行数里，心不快。曰："吾所以待侯生者备矣，天下莫不闻。今吾且死，而侯生曾无一言半辞送我，我岂有所失哉！"复引车还，问侯生。侯生笑曰："臣固知公子之还也[①]。"曰："公子喜士，名闻天下。今有难，无他端而欲赴秦军，譬若以肉投馁虎，何功之有哉？

尚安事客？然公子遇臣厚，公子往而臣不送，以是知公子恨之复返也。”公子再拜，因问。侯生乃屏人间语[2]，曰：“嬴闻晋鄙之兵符常在王卧内[3]，而如姬最幸，出入王卧内，力能窃之。嬴闻如姬父为人所杀，如姬资之三年[4]，自王以下欲求报其父仇，莫能得。如姬为公子泣，公子使客斩其仇头，敬进如姬。如姬之欲为公子死，无所辞，顾未有路耳。公子诚一开口请如姬，如姬必许诺，则得虎符夺晋鄙军，北救赵而西却秦，此五霸之伐也[5]。”公子从其计，请如姬，如姬果盗晋鄙兵符与公子[6]。

注释

①臣固知公子之还也：侯生之设谋，事关重大，且又处人骨肉之间，不到时候，势难开口。此外，经过如此一番周折，话更易入。

②屏人：支开众人。屏，同“摒”。间语：私语。

③兵符：古代调兵所用的符信，一半为大将所持，一半存于国君。国君有令，则命使者持符前往，以合符为信。

④资：蓄积，存在心里。一说为购求之意。

⑤伐：功业。

⑥晋鄙兵符：指存于魏王处的和晋鄙所持相同的另一半兵符。

译文

他临走时特意到夷门来见侯嬴，把自己如何准备去跟秦军拼命的想法统统告诉了侯嬴。说罢就要走了，侯嬴说：“公子好自为之吧，我不能随您去啦。”魏公子走出了几里地后，心里很不痛快，想：“我对待侯嬴应该说是很不错了，天下没人不知道，可是今天轮到我去拼命，侯嬴竟然没有一言半语送我，莫不是我有什么事情做得不对吗？”于是又率领着车马回来了。当魏公子再问侯嬴的时候，侯嬴笑着说：“我就知道您会回来的。”他说：“您喜欢招贤纳士，天下无人不知。可是轮到今天有难了，您不想别的办法而只顾自己去向秦军拼命，这样做如同拿着肥肉扔给饿虎，那会有什么用处呢？照这样，那还养客做什么？您待我丰厚，您刚才说走而我不送您，我知道您心里会起疑问而再回来的。”魏公子向侯嬴拜了两拜，接着向他请教。侯嬴支开了众人，和魏公子悄悄地说：“我听说晋鄙的兵符就放在魏王的卧室内，而如姬最受宠幸，可以自由地出入魏王的卧室，可以把兵符偷出来。我听说如姬的父亲是被人杀害的，当初如姬积恨三年，到处找人替她报仇而找不到。最后如姬来向您哭诉，是您派了一个人去取来了她仇人的人头，交给了如姬。如姬想报答您的恩情，是死也不会推辞的，只是没有机会罢了。现在您只要一开口，如姬肯定会答应，这样我们就可以拿到虎符，夺得晋鄙的兵权，而后率兵北救赵，西破秦，这不俨然是春秋五霸一样的功业吗？”魏公子接受了侯嬴的意见，请求如姬帮他盗取兵符，如姬果然把兵符给他偷了出来。

原文

公子行，侯生曰：“将在外，主令有所不受，以便国家。公子即合符，而晋鄙不授公子兵而复请之，事必危矣。臣客屠者朱亥可与俱，此人力士。晋鄙听，大善；不听，可使击之。”于是公子泣。侯生曰：“公子畏死邪？何泣也！”公子曰：“晋鄙嚄唶宿将[①]，往恐不听，必当杀之，是以泣耳，岂畏死哉？”于是公子请朱亥。朱亥笑曰：“臣乃市井鼓刀屠者，而公子亲数存之[②]。所以不报谢者，以为小礼无所用。今公子有急，此乃臣效命之秋也。”遂与公子俱。公子过谢侯生，侯生曰：“臣宜从，老不能。请数公子行日，以至晋鄙军之日，北乡自刭，以送公子[③]。”公子遂行。

注释

①嚄唶：声音雄武貌，用以形容勇士的威猛。

②存：恤问。

③“北乡”二句：侯生自刭是为坚定魏公子杀晋鄙以夺兵权的决心，是佐成信陵君窃符救赵这一历史壮举的不可少的因素之一。

魏公子就要出发了，侯嬴说：“大将带兵在外，君主的命令有时可以

不接受，是以对国家有利为原则。您到晋鄙那里，即使兵符合上了，但如果晋鄙不把兵权交给您，他要是再向上请示，那事态就危险了。我的朋友屠户朱亥可以跟您一起去，他是个大力士。到时候晋鄙听话便罢，如果不听话，就让朱亥当场把他杀掉。”魏公子一听这话，不由得落下了眼泪。侯嬴说：“公子是怕死吗？为什么哭啦？”魏公子说：“晋鄙是一员叱咤风云的老将，我怕到时候他不答应，那时我们就得杀掉他，所以我落了泪，哪里是因为怕死呢？”于是魏公子就去邀请朱亥。朱亥一听，欣然答应，说：“我是集市上一个卖肉的，而公子竟能够多次地来光顾我。以前我之所以不回拜，是由于我认为讲这些小礼节没有用处。如今公子有了紧急需要，这正是我献身报效的时机。”于是跟着魏公子一同去了。魏公子最后来向侯嬴辞行，侯嬴说：“我本来也应该跟您一道去的，但由于年纪太大，去不了啦。我愿意计算着您的行程，当您到达晋鄙军队的那一天，我就向着北方自刎，以此来报答公子。”魏公子于是出发了。

原　文

至邺，矫魏王令代晋鄙。晋鄙合符，疑之，举手视公子曰[①]：“今吾拥十万之众，屯于境上，国之重任，今单车来代之[②]，何如哉？”欲无听。朱亥袖四十斤铁椎，椎杀晋鄙，公子遂将晋鄙军。勒兵[③]，下令军中曰：“父子俱在军中，父归；兄弟俱在军中，兄归；独子无兄弟，归养。”得选兵八万人[④]，进兵击秦军。秦军解去，遂救邯郸，存赵。赵王及平原君自迎公子于界，平原君负韊矢为公子先引[⑤]。赵王再拜曰：“自古贤人未有及公子者也。”当此之时，平原君不敢自比于人。公子与侯生决，至军，侯生果北乡自刭。

注　释

①举手：表示紧张、急迫的样子。

②单车：古今注本于此皆无说，但此处似决不能理解为只有一辆车子，因为信陵君当时带着“车骑百馀乘”。凡国君在战场更换大将，似

应同时派出两个人物，一个是前往接任的将军，一个是前往下达诏书的特使。

③勒：整饬，约束。

④选兵：犹言“精兵”，经过挑选的士兵。

⑤平原君负韊矢：替人背着箭囊在前引路，表示最大的感谢与最高的敬意。韊矢，装着箭的箭囊。韊，箭囊。

译文

魏公子到达邺县后，假传魏王的命令，要接管晋鄙的兵权。晋鄙与魏公子对证了兵符后，心中存有疑问，他惶惑地举着手问魏公子说：“我领着十万大兵驻扎在这边界线上，这是国家重任，现在你就这么简单地来接替我，这究竟是怎么回事呢？”便想拒绝魏公子的命令。朱亥袖子里藏着重四十斤的大铁椎，冷不防拿出来一下就把晋鄙砸死了，于是魏公子夺取了晋鄙的军权。魏公子集合部队，下命令说：“父子两个都在军中的，父亲可以回去；兄弟两个都在军中的，兄长可以回去；独生子没有兄弟的，可以回去奉养父母。”这样还剩下精兵八万人，于是前进攻击秦军。秦军被

迫撤退，邯郸终于得救了，赵国得到了保全。赵王和平原君亲自到国境上来迎接魏公子，平原君亲自替魏公子背着箭袋，在前头引路。赵王对公子拜了两拜，说："自古以来的贤人没有一个能比得上公子您。"到这时，平原君再也不敢和魏公子相比了。魏公子走后，侯嬴估计着魏公子已经到达了晋鄙军队驻地，果然向着北方自杀了。

原文

魏王怒公子之盗其兵符，矫杀晋鄙，公子亦自知也。已却秦存赵，使将将其军归魏，而公子独与客留赵。赵孝成王德公子之矫夺晋鄙兵而存赵①，乃与平原君计，以五城封公子。公子闻之，意骄矜而有自功之色。客有说公子曰："物有不可忘，或有不可不忘。夫人有德于公子，公子不可忘也；公子有德于人，愿公子忘之也。且矫魏王令，夺晋鄙兵以救赵，于赵则有功矣，于魏则未为忠臣也。公子乃自骄而功之，窃为公子不取也。"于是公子立自责，似若无所容者。赵王扫除自迎，执主人之礼，引公子就西阶。公子侧行辞让，从东阶上②。自言罪过，以负于魏，无功于赵。赵王侍酒至暮，口不忍献五城，以公子退让也。公子竟留赵。赵王以鄗为公子汤沐邑③，魏亦复以信陵奉公子。公子留赵。

注释

①德：感谢。

②从东阶上：按当时礼仪，主人从东阶上下，客人从西阶上下；客若降等，则从主人之东阶上下。

③汤沐邑：古代供诸侯朝见天子时住宿并沐浴斋戒的封地，后也指国君、皇后、公主等收取赋税的私邑。

译文

魏王对魏公子盗窃兵符、假传命令杀死晋鄙的事情很生气，魏公子也很清楚这一点。所以等他击退了秦兵、保全了赵国之后，立刻就让别的将领带着车队回了魏国，他自己和他的宾客们就留在了赵国。赵孝成王很感谢魏公子假传命令夺了晋鄙的军队救了赵国，就和平原君商量，想要封给魏公子五座城池。魏公子听说后，心里也很得意，觉得是理所当然的。这时有位宾客就去劝他说："有些事情我们不能忘掉，但也有些事情我们却不能不忘掉它。凡是别人对您有德，您是不应该忘记的；如果是您对别人有德，那您就应该把它忘掉。更何况假传命令夺取兵权以解救赵国，这对于赵国当然是有功的，但对于魏国这就不能算是忠臣了。可是您现在还自以为有功而心安理得，我认为这是不可取的。"魏公子一听立刻反躬自责，愧悔得好像无地自容了。当赵王洒扫街道，以主人身份亲自把魏公子接到了王宫时，赵王请魏公子从表示尊敬的西边的台阶上殿，魏公子推辞不敢，谦虚地侧着身子从东边的台阶走了上去。魏公子说自己很惶恐，背叛了魏国，而对赵国也没有什么功劳。赵王陪着公子喝酒，一直喝到晚上，由于魏公子的谦虚退让，赵王竟没法开口说要献给魏公子五座城池的事情。从此以后，魏公子就在赵国留了下来。赵王把鄗地作为汤沐邑给了魏公子，而魏国也把信陵又给了魏公子。魏公子就继续留在了赵国。

原文

公子闻赵有处士毛公藏于博徒[①]，薛公藏于卖浆家，公子欲见两人，两人自匿，不肯见公子。公子闻所在，乃间步往从此两人游[②]，甚欢。平原君闻之，谓其夫人曰："始吾闻夫人弟公子天下无双，今吾闻之，乃妄从博徒卖浆者游，公子妄人耳[③]。"夫人以告公子。公子乃谢夫人去，曰："始吾闻平原君贤，故负魏王而救赵[④]，以称平原君。平原君之游，徒豪举耳[⑤]，不求士也。无忌自在大梁时，常闻此两人贤，至赵，恐不得见。以无忌从之游，尚恐其不我欲也，今平原君乃以为羞，其不足从游。"乃装为去。夫人具以语平原君。平原君乃免冠谢，固留公子。平原君门下闻之，半去平原君归公子，天下士复往归公子，公子倾平原君客。

注 释

①处士：有才德而隐居不仕的人。

②间步：改容变服步行。间，悄悄地。

③妄人：任性胡来的人。妄，胡乱，荒诞。

④负：背叛，对不起。

⑤徒豪举：只图虚名、装门面。豪举，声势显赫的举动。

译 文

魏公子听说赵国有位才德高尚而洁身不仕的毛公混迹于一群赌徒之中，还有一位薛公混迹在一家酒店里，魏公子想见这两个人，二人却故意躲着不见。于是魏公子打听好了他们的住处后，自己就换了衣服悄悄地走着去找他们，和他们在一起处得很开心。平原君听说了这件事，对他的夫人说："从前我听说你的弟弟天下无比，可是如今我听说他竟然去跟一些赌徒和卖酒的鬼混，原来他是个荒唐人。"平原君夫人把这些话告诉了魏公子，魏公子就向姐姐告辞要离开赵国，说："原先我是因为听着平原君贤能，所以才背叛魏王来救赵国，为的是让平原君满意。现在看来平原君的好交朋友，只不过是图虚名，并不是真正地要得到人才。我早在大梁的时候，就听说毛公、薛公二人是人才，到了赵国，我还唯恐见不到他们。我去跟人家交朋友，还总担心人家不愿意，可是平原君却居然认为是羞耻，看来平原君真是不值得一交。"收拾东西就准备上路。平原君夫人把魏公子的这些话告诉了平原君，平原君一听赶紧

摘了帽子来向魏公子赔礼道歉，坚决挽留魏公子。平原君门下的宾客们知道了这件事，有一半的人离开了平原君去投奔了魏公子，而其他国家的人来投奔魏公子的也越来越多，因而魏公子门客的人数大大地超过了平原君。

原文

公子留赵十年不归。秦闻公子在赵，日夜出兵东伐魏。魏王患之，使使往请公子。公子恐其怒之，乃诫门下："有敢为魏王使通者，死[①]。"宾客皆背魏之赵，莫敢劝公子归。毛公、薛公两人往见公子曰："公子所以重于赵、名闻诸侯者，徒以有魏也。今秦攻魏，魏急而公子不恤，使秦破大梁而夷先王之宗庙，公子当何面目立天下乎！"语未及卒，公子立变色，告车趣驾归救魏[②]。

注释

①有敢为魏王使通者，死：信陵君留赵十年后，在魏王派人来请时还如此恐惧、如此戒备，可见当年魏王对他的处置多么严厉。通，通报，禀报。

②趣：赶快，迅速。

译文

魏公子在赵国一住十年。秦国听说魏公子在赵国，就不断地出兵东攻魏国。魏王很头疼，最后只好派人到赵国请魏公子回去。魏公子怕魏王记旧恨，不愿回去，就对门下人说："谁要是再敢为魏王的来人通报，我就处死他。"魏公子原来的门客们也都是背叛了魏国到赵国来的，所以也没人劝公子回去。这时毛公、薛公两人出来对魏公子说："您之所以在赵国受尊重，能名扬诸侯，就是因为有魏国的存在。如今秦国攻打魏国，魏国情况紧急而您不关心，要是秦兵攻破了大梁，铲平了魏国先王的宗庙，您有何面目立于天地之间呢！"话还没有说完，魏公子的脸色突然大变，赶紧吩咐人收拾车马启程，归救魏国。

原文

魏王见公子，相与泣，而以上将军印授公子，公子遂将。魏安釐王三十年，公子使使遍告诸侯。诸侯闻公子将，各遣将将兵救魏。公子率五国之兵破秦军于河外[①]，走蒙骜[②]。遂乘胜逐秦军至函谷关[③]，抑秦兵，秦兵不敢出。当是时，公子威震天下，诸侯之客进兵法，公子皆名之[④]，故世俗称《魏公子兵法》。

注释

①五国：指魏、韩、赵、楚、燕。

②蒙骜：秦将，时为秦国上卿。

③函谷关：秦国东境的关塞名，旧址在今河南灵宝东北。

④公子皆名之：古代当权者或大学者召集许多人集体著书，以召集者的名字命名，是常有的事，不能以今天的观点视为剽掠。

译文

魏王见到魏公子，抱头痛哭。魏王把大将军的大印授给了魏公子，魏公子重又统率了魏国的军队。魏安釐王三十年，魏公子派人把秦国进犯的消息通告给了各国诸侯。各国诸侯听说魏公子统率魏国军队，都派人领兵来救魏国。魏公子率领着东方五国的军队在黄河以南大破秦军，秦国的大将蒙骜大败而逃。东方的军队乘胜追到了函谷关下，堵住了秦兵，秦兵再也不敢出来了。这时候，魏公子威震天下。各国的谋士们有人给魏公子写

了有关兵法的文章，魏公子把它们搜集整理，最后以自己的名字给这部书命名，这就是人们通常所说的《魏公子兵法》。

原文

秦王患之，乃行金万斤于魏。求晋鄙客，令毁公子于魏王曰："公子亡在外十年矣，今为魏将，诸侯将皆属，诸侯徒闻魏公子，不闻魏王。公子亦欲因此时定南面而王，诸侯畏公子之威，方欲共立之。"秦数使反间，伪贺公子得立为魏王未也。魏王日闻其毁，不能不信，后果使人代公子将。公子自知再以毁废，乃谢病不朝，与宾客为长夜饮，饮醇酒，多近妇女。日夜为乐饮者四岁，竟病酒而卒[①]。其岁，魏安釐王亦薨。

注释

①竟病酒而卒：信陵君悲观失望而至于近乎自戕而死的结局，揭露了魏王的猜忌残忍。

译文

秦王把魏公子看成了心腹之患，于是就拿出了黄金万斤到魏国进行反间活动，他们找到了晋鄙的门客，让他们在魏王面前诋毁魏公子："公子在外逃亡了十年，如今当了魏国的统帅，现在其他诸侯国家的将领也都听从他的调遣，诸侯国家只知道魏国有个魏公子，不知道魏国还有魏王。而公子也正想乘这个时机自己南面为王，各国诸侯们害怕公子的威力，也正准备一起拥立他。"秦国又一连几次地派人来使反间，他们先是假装不知实情而到魏国来庆贺魏公子为王，到了之后，又假意地说原来魏公子还没有即位呀。就这样，魏王每天都听到对魏公子的毁谤，渐渐地也就不能不信了，最后终于派人接管了魏公子的兵权。魏公子知道这第二次被毁弃，是不可能再出头了，于是就以病为名不再上朝，常常和宾客们通宵达旦地饮酒作乐，以酒浇愁，沉沦于女子声色之中。就这样一连四年，最后中酒毒而死。这一年，魏安釐王也死了。

原　文

秦闻公子死，使蒙骜攻魏，拔二十城，初置东郡。其后秦稍蚕食魏，十八岁而虏魏王，屠大梁[①]。

注　释

①屠大梁：据《秦始皇本纪》，是年“王贲攻魏，引河沟灌大梁，大梁城坏，其王请降”。

译　文

秦国听说魏公子死了，立即派蒙骜攻打魏国，攻下了二十座城，建立了直属秦国的东郡。接着又慢慢地向东蚕食魏国其余的领土，到魏公子死后十八年，秦国俘虏了魏国的国王，血洗了魏国的国都。

原　文

高祖始微少时[①]，数闻公子贤。及即天子位，每过大梁，常祠公子。高祖十二年，从击黥布还[②]，为公子置守冢五家，世世岁以四时奉祠公子。

注　释

①微少时：年少而为平民的时候。

②黥布：原名英布，汉初名将。

译　文

汉高祖年轻的时候，多次听说过魏公子的贤能。等到做了皇帝后，每当经过大梁，都要祭祀魏公子。高祖十二年，打败了黥布从前线回京路过大梁的时候，他下令拨了五户人家专门给魏公子守坟，让他们世世代代地一年四季按时祭祀魏公子。

原 文

太史公曰：吾过大梁之墟，求问其所谓夷门。夷门者，城之东门也。天下诸公子亦有喜士者矣，然信陵君之接岩穴隐者，不耻下交，有以也。名冠诸侯，不虚耳。高祖每过之而令民奉祠不绝也[1]。

注 释

①岩穴隐者：指隐居山林的名士。

太史公说：我曾到过大梁古城，去打听人们所说的夷门。夷门原来就是大梁城的东门。六国的时候，那些贵公子们好养士的人多的是，但能像信陵君这样真心实意地去访求山林隐者的人却不多，他能够不以结交下等人为耻辱，因此许多人忠于他，这就是有原因的了。信陵君的声名溢满天下，绝不是虚传。汉高祖每次经过大梁都要去祭祀他，而且还要派专人四时祭祀不断。

吕不韦列传

原 文

吕不韦者，阳翟大贾人也，往来贩贱卖贵，家累千金。

秦昭王四十年，太子死。其四十二年，以其次子安国君为太子。安国君有子二十馀人。安国君有所甚爱姬[1]，立以为正夫人，号曰华阳夫人。华阳夫人无子。安国君中男名子楚[2]，子楚母曰夏姬，毋爱。子楚为秦质子于赵[3]。秦数攻赵，赵不甚礼子楚。

吕不韦 ▲

注释

①姬：妾之统称。

②中男：也称“中子”，长子与幼子之间的若干弟兄的统称。子楚：据《战国策》，子楚原名“异人”，从赵还，吕不韦使以楚服见。王后为楚人，见而悦之，遂认其为子，并改其名曰“子楚”。

③质子：即人质。

译文

吕不韦是韩国阳翟的一个大商人。到处贱买贵卖地做买卖，家中积蓄了千金的财富。

秦昭王四十年，太子病故。秦昭王四十二年，立第二个儿子安国君为太子。安国君有二十多个儿子。他有个宠姬，后来把她立为正夫人，人称华阳夫人。而华阳夫人偏偏没有儿子。安国君有个排行居中的儿子叫子楚，子楚的母亲叫夏姬，不被安国君宠爱，因而子楚被秦国送到赵国去做人质。后来秦国屡次进攻赵国，所以赵国对子楚很不尊重。

原文

子楚，秦诸庶孽孙[①]，质于诸侯，车乘进用不饶，居处困，不得意。吕不韦贾邯郸，见而怜之，曰：“此奇货可居。”[②]乃往见子楚，说曰：“吾能大子之门。”子楚笑曰：“且自大君之门，而乃大吾门！”吕不韦曰：“子不知也，吾门待子门而大。”子楚心知所谓，乃引与坐，深语。吕不韦曰：“秦王老矣，安国君得为太子。窃闻安国君爱幸华阳夫人，华阳夫人无子，能立適嗣者独华阳夫人耳[③]。今子兄弟二十馀人，子又居中，不甚见幸，久质诸侯。即大王薨[④]，安国君立为王，则子毋几得与长子及诸子旦暮在前者争为太子矣[⑤]。”子楚曰：“然。为之奈何？”吕不韦曰：“子贫，客于此，非有以奉献于亲及结宾客也。不韦虽贫，请以千金为子西游，事安国君及华阳夫人，立子为適嗣。”子楚乃顿首曰：“必如君策，请得分秦国与君共之。”

注释

①庶孽：非嫡子正妻所生的孩子。

②居：屯积。“屯积居奇”的典故即由此而来。

③適：同“嫡”。

④即：若。

⑤毋几：没有希望。

译文

子楚本来就是秦王庶出的子孙，又在国外做人质，因而他的车马用度都不富裕，日常生活很窘困，为此心中闷闷不乐。吕不韦到邯郸做生意，他一见子楚的样子，很可怜他，心想：“这倒是件奇货，值得收藏。”于是就去见子楚说：“我能让您的门庭光大。”子楚笑了，说：“还是先去光大你自己的门庭吧，配说什么光大我的门庭！”吕不韦说：“您不知道，我的门庭得靠着您门庭的光大而光大。”子楚明白了吕不韦说话的意思，于是就请他坐下，和他进行了深谈。吕不韦说：“秦王已经老了，安国君现在是太子。我听说安国君宠爱华阳夫人，华阳夫人没有儿子，而能够为安国君树立继嗣的又只有华阳夫人。如今您的兄弟们有二十多个，您又排行居中，不怎么受宠爱，长久地在国外当人质。等到秦王去世，安国君即位为王，到那时您就不可能去同您的长兄和那些朝夕在安国君面前的弟兄们去争太子的位置了。”子楚说：“是的。那怎么办呢？”吕不韦说：“您本来就穷困，又是在赵国做客，您当然拿不出什么东西去孝敬您的父母和结交宾客。我虽然也不富裕，但我可以带着千金替您到您的国家去，向安国君和华阳夫人进行活动，想法让他们立您为继嗣。”子楚一听立即向吕不韦叩头说："如果真能实现您的计划，我愿意把秦国分一半给您。"

原 文

吕不韦乃以五百金与子楚，为进用，结宾客；而复以五百金买奇物玩好，自奉而西游秦[①]，求见华阳夫人姊，而皆以其物献华阳夫人。因言子楚贤智，结诸侯宾客遍天下，常曰："楚也以夫人为天，日夜泣思太子及夫人。"夫人大喜。不韦因使其姊说夫人曰："吾闻之，以色事人者，色衰而爱弛。今夫人事太子，甚爱而无子，不以此时蚤自结于诸子中贤孝者[②]，举立以为適而子之，夫在则重尊[③]，夫百岁之后，所子者为王，终不失势，此所谓一言而万世之利也。不以繁华时树本，即色衰爱弛后，虽欲开一语，尚可得乎？今子楚贤，而自知中男也，次不得为適，其母又不得幸，自附夫人。夫人诚以此时拔以为適，夫人则竟世有宠于秦矣[④]。"华阳夫人以为然，承太子闲，从容言子楚质于赵者绝贤，来往者皆称誉之。乃因涕泣曰："妾幸得充后宫，不幸无子，愿得子楚立以为適嗣，以托妾身[⑤]。"安国君许之，乃与夫人刻玉符，约以为適嗣。安国君及夫人因厚馈遗子楚，而请吕不韦傅之。子楚以此名誉益盛于诸侯。

注 释

①自奉：自己携带。奉，持。

②不以此时蚤自结于诸子中贤孝者："不"上脱"何"字。蚤，同"早"。

③重尊：势重位尊。

④竟世：终身，到死。

⑤以托妾身：古有所谓"子以母贵"，其母受宠，其子才有可能被立为太子。又有所谓"母以子贵"，即其子被立为太子，并得以继位称王，其母的富贵尊荣才能得到保障，故华阳夫人要把自己的后半生寄托在子楚

身上。

译文

于是吕不韦就拿出五百金给了子楚，作为他的日常生活以及结交宾客之用；又用五百金买了一批奇珍异宝，自己带着向西到了秦国。他先求见华阳夫人的姐姐，托她把那些珍宝送给了华阳夫人，并顺便说了些子楚如何贤能智慧，已经结交了各个国家的许多宾客等事，并说子楚经常对人们说："我爱戴华阳夫人就像爱戴老天爷一样，日日夜夜流着泪思念太子和夫人。"华阳夫人听了非常高兴。吕不韦又乘势请华阳夫人的姐姐劝华阳夫人说："俗话说，靠着美貌侍候人的，等到一老就会失宠。现在夫人奉侍太子，太子虽然特别喜欢你，可是你没有儿子，你为什么不及早在那些公子中挑一个贤能孝顺的，把他认作儿子立为继承人呢？这样，你丈夫在世时，你的地位可以更加尊贵；你丈夫去世后，你所认的儿子继位为王，你的权势也不会消失，这就是说一句话就可以得到万世的利益啊。你不趁着风华正茂的时候为自己立下根基，等到年老失宠时，即使再想说话，还会有人听吗？现在子楚为人不错，自己又知道排行居中，按次序也轮不到他，他的母亲也不受宠幸，所以他愿意来归附你。你如果能趁此时机认他为子，立他为继承人，那么你这辈子就会在秦国永远受宠了。"华阳夫人觉得有理，于是就找机会，自然地对安国君讲起了在赵国当人质的子楚的事情，说子楚为人非常好，说来往于秦、赵两国之间的人们都称赞他。说着说着，华阳夫人又哭了起来，说："我很幸运能够进了您的后宫，可是我又非常不幸没有儿子，我现在想把子楚认为儿子，让他做您的继承人，这样也可以让我终身有靠。"安国君答应了，于是给华阳夫人刻了玉符，约定将子楚立为继承人。接着安国君和华阳夫人派人送给子楚许多东西，并请吕不韦去调护辅导他。从此子楚在各国之间的名声就越来越大了。

原　文

吕不韦取邯郸诸姬绝好善舞者与居[1]，知有身[2]。子楚从不韦饮，见而说之，因起为寿，请之。吕不韦怒，念业已破家为子楚，欲以钓奇，乃遂献其姬[3]。姬自匿有身，至大期时[4]，生子政。子楚遂立姬为夫人。

注　释

①邯郸诸姬：邯郸娱乐场所的歌伎、舞伎。

②有身：怀孕。

③“欲以”二句：谓吕不韦之献姬非预谋也。而后世诸人认为此乃吕不韦预谋，更贴近世态人情。

④大期：一说意为过期，即十二个月生子；一说意即十月而生。就此文而论，似谓此姬十月而生子，其归子楚方七八个月。嬴政为吕不韦之子的传说流传久远，但前人早已论其可疑，不必尽信。

译　文

吕不韦在邯郸娶了一个美貌而又舞技高超的女子，不久这个女子怀了孕。有一天，子楚到吕不韦家来喝酒，看到这个女子很喜欢，于是就起身向吕不韦敬酒，请求吕不韦把这个女子送给他。吕不韦开始很生气，但后来一想，自己为了子楚连家产都快变卖光了，现在他也想通过这个女子做诱饵钓一条大鱼，于是就把这个女子送给了子楚。这个女子也故意隐瞒了她已经怀孕的事实，这样过了十个月，她生了一个儿子，取名为政。于是子楚把这个女子立为夫人。

原　文

秦昭王五十年，使王齮围邯郸急[1]，赵欲杀子楚。子楚与吕不韦谋，行金六百斤予守者吏[2]，得脱，亡赴秦军，遂以得归。赵欲杀子楚妻子，子楚夫人，赵豪家女也[3]，得匿，以故母子竟得活。秦昭王五十六年，薨，太子安国君立为王，华阳夫人为王后，子楚为太子。赵亦奉子楚夫人及子政归秦。

注释

①王齮围邯郸急：即长平惨败后邯郸之被秦围。

②守者吏：看守子楚的赵国官吏。

③“子楚”二句：前云“邯郸诸姬”，此又云“赵豪家女”，殊失统一。

译文

秦昭王五十年，秦王派王齮带兵包围了邯郸，赵国的形势紧急，想杀子楚。子楚和吕不韦商量后，用六百斤金贿赂监守他的小吏，得以脱身，逃到了秦国的军队中，终于回到了秦国。这时赵国想杀掉子楚的夫人和儿子，子楚夫人本来是赵国一家豪富的女儿，就跑到娘家藏了起来，最后母子俩都脱险了。秦昭王五十六年，昭王去世，太子安国君继位为王，华阳夫人当了王后，子楚成了太子。这时赵国也只好把子楚夫人及她的儿子嬴政送回了秦国。

原文

秦王立一年，薨，谥为孝文王。太子子楚代立，是为庄襄王。庄襄王所母华阳后为华阳太后，真母夏姬尊以为夏太后。庄襄王元年，以吕不韦为丞相，封为文信侯，食河南雒阳十万户①。

注释

①食河南雒阳十万户：以上吕不韦佐立子楚为王事，见《战国策·秦策五》。据学者考证，多以《史记》所言为不近情，当以策文为正。

译 文

安国君只做了一年秦王就去世了，谥为孝文王。太子子楚继承了王位，这就是历史上所说的庄襄王。庄襄王所认的母亲华阳王后被称为华阳太后，他的亲生母亲夏姬被尊为夏太后。庄襄王元年，任吕不韦为丞相，并封为文信侯，把河南雒阳一带的十万户封给他作为领地。

原 文

庄襄王即位三年，薨，太子政立为王，尊吕不韦为相国，号称“仲父”[①]。秦王年少，太后时时窃私通吕不韦。不韦家僮万人。

注 释

①仲父：即“次于父”之意，表示敬重。

译 文

庄襄王在位三年去世，太子嬴政继立为王，尊吕不韦为相国，恭敬地称他为“仲父”。当时秦王年纪小，太后还经常与吕不韦私通。吕不韦家里的奴仆多达上万人。

原 文

当是时，魏有信陵君，楚有春申君，赵有平原君，齐有孟尝君[①]，皆下士喜宾客以相倾[②]。吕不韦以秦之强，羞不如，亦招致士，厚遇之，至食客三千人[③]。是时诸侯多辩士[④]，如荀卿之徒，著书布天下。吕不韦乃使其客人人著所闻，集论以为八览、六论、十二纪[⑤]，二十馀万言。以为备天地万物古今之事，号曰《吕氏春秋》。布咸阳市门，悬千金其上，延诸侯游士宾客有能增损一字者予千金。

注 释

①信陵君：名无忌，魏安釐王之弟。春申君：黄歇，楚考烈王时的权臣。平原君：赵胜，赵惠文王之弟，孝成王之叔。孟尝君：田文，齐湣王

的权臣。

②相倾：即争胜负、争高低。

③至食客三千人：吕不韦之养客盖袭当时风气，不一定是为与四公子争胜。

④诸侯：指东方各国。辩士：明辨事理，善口辩、善为文的人，不似后世专指纵横家。

⑤集论：统编裁订。

译文

这时候，魏国有信陵君，楚国有春申君，赵国有平原君，齐国有孟尝君，都以礼贤下士、招纳宾客相竞争。吕不韦觉得秦国有如此之强的实力，在这方面也不能比别国差，于是也招纳士人，优礼相待，于是他门下的食客竟达到了三千多。当时各诸侯国家有许多善辩的学者，如荀况等人，他们的著作都是四海皆知。吕不韦也让他的宾客们人人把自己知道的事情都写出来，把这些论著编辑成了八览、六论、十二纪，共二十多万字。他认为天地之间、古往今来的万事万物在这部书里无所不包，所以称之为《吕氏春秋》。他把这部书公布在咸阳集市的大门上，并在上面悬挂千金，邀请各国的游士宾客们，说是谁能够给这部书增加或删掉一个字，就把这千金送给他。

原文

始皇帝益壮，太后淫不止。吕不韦恐觉祸及己，乃进嫪毐[①]，诈令人以腐罪告之[②]。不韦又阴谓太后曰："可事诈腐，则得给事中[③]。"太后乃阴厚赐主腐者吏，诈论之，拔其须眉为宦者，遂得侍太后。太后私与通，绝爱之，有身。太后恐人知之，诈卜当避时[④]，徙宫居雍。嫪毐常从，赏赐甚厚，事皆决于嫪毐[⑤]。嫪毐家僮数千人，诸客求宦为嫪毐舍人千馀人。

注释

①嫪毐：人名。

②腐罪：受宫刑的罪。

③给事中：服务于宫廷之内。后来“给事中”遂成为官名。给事，听候皇帝使唤。

④避时：当时的迷信说法，即人在某段时间里要躲藏起来，以规避某种灾难的降临。

⑤事皆决于嫪毐：秦王嬴政年少，事多决于太后，而嫪毐在太后身边，故遂决于嫪毐。

译文

秦始皇的年龄越来越大，而太后还是不停地跟吕不韦私通。吕不韦害怕事情给秦始皇发现自己遭殃，于是就把嫪毐送给了太后，同时又假意让人控告了嫪毐一个应受宫刑的罪。吕不韦又暗中告诉太后说：“先假装给他施宫刑，而后就可以让他在宫内服侍你了。”于是太后就暗中重赏主管动刑的人，让他们假装给嫪毐施了刑，给嫪毐拔去了胡子、眉毛，把他弄成一个太监的样子，这才让他去伺候太后。太后和嫪毐私通后，对他非常喜欢，很快地就怀了孕。太后怕人知道，就谎称从占卜中得知应该离开宫廷到外地躲避一段时间，就这样她暂避到雍县的离宫。嫪毐经常跟着太后，得到的赏赐很多，许多事情都是嫪毐说了算。嫪毐家里的奴仆可以达到几千人，那些找到门上想为嫪毐当舍人的宾客也有上千个。

原文

始皇七年，庄襄王母夏太后薨。孝文王后曰华阳太后，与孝文王会葬寿陵，夏太后子庄襄王葬芷阳，故夏太后独别葬杜东，曰："东望吾子，西望吾夫[①]。后百年，旁当有万家邑[②]。"

注释

①"东望"二句：夏太后墓所在的杜县位置偏南，秦文王墓所在的万年，与庄襄王墓所在的芷阳位置全都偏北。比较之下，文王墓偏东，庄襄王墓偏西，今夏太后的所谓"东望吾子，西望吾夫"，位置刚好相反，疑史文有误。

②邑：城镇。

译文

秦始皇七年，庄襄王的母亲夏太后死了。孝文王的王后华阳太后已经和孝文王合葬在寿陵，而夏太后的儿子庄襄王葬在芷阳，因此夏太后生前就要求单独地埋葬在杜县城东，她说："向东可以看到我的儿子，向西可以看到我的丈夫。而且百年以后，这里将会形成一个有万户住家的城市。"

原文

始皇九年，有告嫪毐实非宦者，常与太后私乱，生子二人，皆匿之。与太后谋曰"王即薨，以子为后"[①]。于是秦王下吏治，具得情实，事连相国吕不韦。九月[②]，夷嫪毐三族，杀太后所生两子，而遂迁太后于雍。诸嫪毐舍人皆没其家而迁之蜀。王欲诛相国，为其奉先王功大[③]，及宾客辩士为游说者众，王不忍致法。

注释

①即：若。

②九月：据《秦始皇本纪》，诛嫪毐在四月，此误。

③奉：同“捧”，护持，拥戴。

译文

秦始皇九年，有人告发嫪毐不是一个真正的太监，经常跟太后私通，已经生了两个儿子，都在某个地方藏着。还说嫪毐已经和太后商定“等到大王死后，就让咱们所生的孩子为王”。秦始皇把嫪毐下了狱，经过审问，了解了实情，事情牵连到了相国吕不韦。当年九月，秦始皇下令诛灭了嫪毐的三族，并杀掉了他跟太后所生的两个儿子，而把太后迁居到雍县的离宫。所有嫪毐的门客都一律被抄没家产流放到蜀地。秦始皇也想杀掉吕不韦，但因为他拥戴先王的功劳大，此外还有许多宾客辩士为他说情，所以秦始皇也就不忍心再杀他了。

原文

秦王十年十月[①]，免相国吕不韦。及齐人茅焦说秦王[②]，秦王乃迎太后于雍，归复咸阳，而出文信侯就国河南[③]。

注释

①秦王十年：前后俱称“始皇”，而此忽称“秦王”，失于统一。其实前后皆应称“秦王”，至统一六国称“皇帝”后乃得书“始皇”。

②齐人茅焦说秦王：事见《秦始皇本纪》，谓茅焦谏秦王曰：“秦方以天下为事，而大王有迁母太后之名，恐诸侯闻之由此倍秦也。”

③就国：离开都城，到自己的封地去。

译文

秦始皇十年十月，免去了相国吕不韦的职位。后来齐国人茅焦劝说秦始皇，秦始皇才到雍县把太后接回了咸阳，而同时下令让吕不韦到他河南的封地上去住。

原文

岁馀，诸侯宾客使者相望于道，请文信侯[①]。秦王恐其为变，乃赐文信侯书曰："君何功于秦，秦封君河南，食十万户？君何亲于秦，号称仲父？其与家属徙处蜀！"吕不韦自度稍侵[②]，恐诛，乃饮鸩而死[③]。秦王所加怒吕不韦、嫪毐皆已死，乃皆复归嫪毐舍人迁蜀者。

始皇十九年，太后薨，谥为帝太后，与庄襄王会葬芷阳。

注释

①请文信侯：请吕不韦到他们的国家去。一说"请"即拜望之意。

②侵：凌辱。

③鸩：一种毒鸟，据说以其羽毛蘸过的酒，人喝了无不立死。通常即用以代指毒酒。

译文

在这以后的一年多里，各国的宾客使者们络绎不绝地到河南封地上去拜会吕不韦。秦始皇怕吕不韦再生变故，于是给他写了一封信说："你对秦国有什么功劳，以致享用着河南的封地，食邑十万户？你跟秦国有什么亲缘，以致让人家称你为仲父？

你立刻带着你的家属都搬到蜀地去！”吕不韦估摸着自己所受逼迫越来越紧，害怕被杀，于是就喝毒酒自杀了。秦始皇所恨的吕不韦和嫪毐都已经死了，于是他就下令放回了那些被流放到蜀地去的嫪毐的门客。

秦始皇十九年，太后去世，谥为帝太后，跟庄襄王一同合葬在芷阳。

原文

太史公曰：不韦及嫪毐贵，封号文信侯[①]。人之告嫪毐，毐闻之。秦王验左右，未发。上之雍郊[②]，毐恐祸起，乃与党谋，矫太后玺发卒以反蕲年宫。发吏攻毐[③]，毐败，亡走。追斩之好畤，遂灭其宗[④]。而吕不韦由此绌矣[⑤]。孔子之所谓“闻”者[⑥]，其吕子乎？

注释

①“不韦”二句：语意不清。可能当作“嫪毐以不韦贵，封号长信侯”。

②上之雍郊：此处应书作“王之雍郊”。“上”是称当前或本朝之君，这里可能是误仍秦史旧文。郊，古代帝王祭天的一种礼仪。

③发吏攻毐：“发”上应有主语，乃秦王也，此不宜省。

④遂灭其宗：此赞中所补叙之嫪毐作乱之情节与前面传文所叙略有不同，《秦始皇本纪》所叙较此详细。

⑤绌：同“黜”，废免，垮台。

⑥孔子之所谓“闻”者：只有虚名，而没有实际才德的“名人”。

译文

太史公说：吕不韦和嫪毐显贵时，被封为文信侯。当有人告发嫪毐，嫪毐很快就知道了。秦始皇先是悄悄地审问了一些太后与嫪毐周围的人，还没有对嫪毐动手，就到雍县祭天去了。这时嫪毐害怕秦始皇回来大祸难免，于是就和他的党羽们商量，假传太后的命令发兵在蕲年宫叛乱。秦始皇闻讯后派兵讨伐嫪毐，嫪毐被打败逃走了。秦始皇的人追到好畤，杀掉了嫪毐，又灭了他的满门。而吕不韦从此也就跟着失势了。孔子在《论语》中曾说过有一种名声不小而行为很坏的所谓“闻人”，吕不韦大概就是有属于这一种吧！

李将军列传

原文

李将军广者，陇西成纪人也。其先曰李信，秦时为将，逐得燕太子丹者也。故槐里，徙成纪。广家世世受射[①]。孝文帝十四年，匈奴大入萧关，而广以良家子从军击胡[②]，用善骑射，杀首虏多[③]，为汉中郎[④]。广从弟李蔡亦为郎，皆为武骑常侍[⑤]，秩八百石[⑥]。尝从行[⑦]，有所冲陷折关及格猛兽[⑧]，而文帝曰：“惜乎，子不遇时！如令子当高帝时，万户侯岂足道哉[⑨]！”

注释

①广家世世受射：这是一传之纲领。李广所长在射，故传中叙射事特详。受射，向长辈学习射法。受，接受、继承。

②良家子：清白人家的子弟。胡：当时用以指匈奴人。

③杀首虏多：斩敌之首与俘获生敌的数量多。“首虏”一词各处的用法略有不同，有时指斩敌之首与俘获生敌，有时只指斩敌之首。

④为汉中郎：为汉朝皇帝当侍从。所以要加“汉”字，是区别于当时的其他诸侯国。

⑤武骑常侍：皇帝的骑兵侍从。

⑥秩：官阶。

⑦尝：通"常"，屡屡。从行：跟随皇帝出行。

⑧冲陷：冲锋陷阵。折关：犹言"抵御"。折，折冲，打回敌人的冲锋。关，抵挡。

⑨万户侯岂足道哉：文帝的意思是认为李广的气质才能更适合开国创业，而在各种制度都已健全的情况下，李广的才能就不好发挥出来了。李广一生"数奇"，在此埋下伏笔。

译文

李广将军是陇西郡成纪县人，他的祖先李信是秦国的名将，曾经在灭掉燕国后得到了燕太子丹的首级。李广家的原籍是槐里县，后来迁到了成纪。李广家世代相传射箭的绝技。孝文帝十四年，匈奴大举入侵萧关，这时李广以良家子的身份参军，抗击匈奴。由于他善于骑马射箭，杀的敌人多，因此被任为中郎。当时李广的堂弟李蔡也在皇帝身边为郎，兄弟二人都当武骑常侍，官阶是八百石。李广屡次跟随文帝外出，在冲锋陷阵和与猛兽格斗中表现出了无比的勇敢。文帝称赞李广说："真可惜啊！你生得不是时候！如果你生在高皇帝打江山的年代，万户侯又何足挂齿呢！"

▲李　广

原文

及孝景初立，广为陇西都尉，徙为骑郎将。吴楚军时[①]，广为骁骑都尉[②]，从太尉亚夫击吴楚军[③]，取旗[④]，显功名昌邑下[⑤]。以梁王授广将军印[⑥]，还，赏不行[⑦]。徙为上谷太守，匈奴日以合战。典属国公孙昆邪为上泣曰[8]："李广才气，天下无双，自负其能，数与虏敌战，恐亡之。"于是乃徙为上郡太守。后广转为边郡太守，徙上郡。尝为陇西、北地、雁门、代郡、云中太守，皆以力战为名。

注释

①吴楚军时：指吴、楚七国起兵造反之时，事在汉景帝三年（公元前154年）正月。

②骁骑都尉：军官名。骁骑，如同今之所谓"轻骑兵"。

③太尉亚夫：即周亚夫，文帝、景帝时期的名将，由中尉被任命为太尉，统兵讨吴、楚。太尉，主管全国军事的最高长官，当时的"三公"之一。

④取旗：夺取了敌方的主将之旗。

⑤昌邑：当时梁国的重镇，周亚夫的重兵当时就集结在这里。吴、楚军之败，则从其攻昌邑失败开始。

⑥授广将军印：李广虽属亚夫军，但因他是在梁国的地面上作战，卓有军功；又因李广原来只是"都尉"，不够将军级，故梁王出于敬慕而升赏他，授之将军印。

⑦还，赏不行：李广为汉将，私受梁印，故不赏。可见汉景帝与梁孝王兄弟之间矛盾尖锐。

⑧典属国：主管与他国、他族外交事务的官吏。

译文

等到景帝即位，李广先任陇西都尉，接着被召进京城做了骑郎将。后来吴楚七国叛乱时，李广以骁骑都尉的身份跟着太尉周亚夫前往讨伐叛军。在战斗中，李广夺得了敌军的战旗，在昌邑大显威名。只因为梁孝王赠给了李广一颗将军印，回京后，在别人受赏时，李广就没能再受到封赏。后来李广被调任上谷太守，匈奴军队每天和他打仗。于是典属国公孙昆邪流着眼泪向景帝请求说："李广的本领，在当今天下无双，也正因此他自恃武艺高强，天天和敌军交战，我真怕损失了这员名将。"于是景帝就把李广调到了上郡当太守。后来李广又辗转在边疆诸郡的许多地方，如陇西、北地、雁门、代郡、云中等地做太守，无论他到了哪里，都以英勇善战闻名。

原文

匈奴大入上郡，天子使中贵人从广勒习兵击匈奴①。中贵人将骑数十纵②，见匈奴三人，与战。三人还射③，伤中贵人，杀其骑且尽。中贵人走广。广曰："是必射雕者也。"广乃遂从百骑往驰三人④。三人亡马步行⑤，行数十里。广令其骑张左右翼，而广身自射彼三人者，杀其二人，生得一人，果匈奴射雕者也。已缚之上马，望匈奴有数千骑。见广，以为诱骑，皆惊，上山陈。广之百骑皆大恐，欲驰还走。广曰："吾去大军数十里，今如此以百骑走⑥，匈奴追射我立尽。今我留，匈奴必以我为大军之诱，必不敢击我。"广令诸骑曰："前！"前未到匈奴陈二里所，止，令曰："皆下马解鞍！"其骑曰："虏多且近，即有急，奈何？"广曰："彼虏以我为走，今皆解鞍以示不走，用坚其意。"于是胡骑遂不敢击。有白马将出护其兵⑦，李广上马与十馀骑奔射杀胡白马将，而复还至其骑中，解鞍，令士皆纵马卧。是时会暮，胡兵终怪之，不敢击。夜半时，胡兵亦以为汉有伏军于旁欲夜取之，胡皆引兵而去。平旦，李广乃归其大军。大军不知广所之，故弗从。

注释

①中贵人：有地位、受宠信的宦官；或以为指"在朝之宗室大臣"，非必指宦者。从广勒习兵：盖有观察、监督之意。

②纵：放马奔驰。

③还射：谓匈奴人本已离去，见有人追来，故回身而射之。

④驰：追赶。

⑤亡：无。

⑥走：逃跑。

⑦护：这里指安排、整顿。

译文

李广做上郡太守的时候，正赶上匈奴人大举进攻上郡，这时皇帝派了一名受宠信的宦官到上郡来跟着李广学习军事。有一次这个宦官带领着几十名骑兵在田野上纵马奔驰，突然遇到了三个匈奴人，便打了起来。三个匈奴人回身射箭，射中了这个宦官，他带的几十名骑兵几乎全被匈奴人射死了。宦官逃回了李广那里，李广说："这一定是射雕的。"他立即带了百数名骑兵去追赶这三个人。这三个人把自己的马丢了，只好步行，这时已经走出几十里了。李广命令部下从左右两侧包抄，自己用弓箭射他们，结果射死了两个，活捉了一个，一审问，果然是匈奴的射雕人。他们刚把俘虏绑在马上，准备回营，突然望见从远处来了几千名匈奴骑兵。这些骑兵也发现了李广，他们以为这是汉军派出来特意引着他们去上当的，心里很吃惊，于是慌忙冲上山头布好阵势。李广的这百数人怕极了，都想赶紧往回跑。李广说："这里离着我们的大部队有几十里，我们这百数人如果往回跑，匈奴人追上来一阵乱箭就把我们都射死了。如果我们留下来不走，匈奴人必然以为我们是大部队派出来引诱他们去上当的，他们一定不敢打我们。"于是李广命令这百数人："前进！"一直走到离匈奴人只还有二里地的地方才停下来，接着又下令说："全体下马，把鞍子解下来！"有人说："敌人这么多，离我们又这么近，我们再都下马解鞍，如果敌人进攻我们，我们怎么办？"李广说："敌人肯定以为我们是会跑的，现在我们偏要给他来个下马解鞍表明不跑，以此来强化他们那种错误判断。"这样一来，匈奴人果然没敢进攻李广。后来敌人那边有个骑白马的将领出来整理阵容，这时李广突然上马带着十来个人飞奔过去将他射死了，然后又退了回来解下马鞍子，并命令士兵们把马放开，人都躺在地上休息。这时天色渐晚，匈奴人始终觉得这伙人可疑，没敢轻易出击。到了半夜，匈奴人更怀疑附近可能埋伏着大批汉军，打算乘夜晚偷袭他们，于是赶紧撤走了。第二天清晨，李广回到大本营。李广的大部队因为不知道李广昨晚去了何处，所以一直在原地待命。

原文

居久之，孝景崩，武帝立，左右以为广名将也，于是广以上郡太守为未央卫尉①，而程不识亦为长乐卫尉②。程不识故与李广俱以边太守将军屯③。及出击胡，而广行无部伍行陈④，就善水草屯，舍止，人人自便，不击刁斗以自卫⑤，莫府省约文书籍事⑥，然亦远斥候⑦，未尝遇害。程不识正部曲行伍营陈⑧，击刁斗，士吏治军簿至明，军不得休息，然亦未尝遇害。不识曰："李广军极简易，然虏卒犯之⑨，无以禁也；而其士卒亦佚乐，咸乐为之死。我军虽烦扰，然虏亦不得犯我。"是时汉边郡李广、程不识皆为名将，然匈奴畏李广之略，士卒亦多乐从李广而苦程不识。程不识孝景时以数直谏为太中大夫⑩。为人廉，谨于文法。

注释

①未央卫尉：未央宫是皇帝居住的地方。卫尉，是当时的"九卿"之一，职掌守卫宫门。

②长乐：长乐宫是太后居住的地方。

③边：边郡。将军：率领军队。将，统领，率领。

④行：行军。部伍：犹言"部曲"。行阵：行列。

⑤刁斗：铜制的军用饭锅，白天用以煮饭，夜间用以敲击巡逻。

⑥莫府：同"幕府"，指将军的办事机构。文书籍事：指各种公文案牍之类。

⑦斥候：侦察敌情的人员。

⑧正：严肃，严格要求。

⑨卒：同“猝”，突然。

⑩太中大夫：皇帝的侍从人员，掌议论。

过了好多年，汉景帝死了，汉武帝即位，左右大臣都说李广是一位名将，于是李广被从上郡太守调入朝廷当了未央宫的卫尉，当时程不识正做长乐宫的卫尉。程不识和李广一样，过去都曾以边郡太守的身份率领军队驻守边防。当出兵讨伐匈奴时，李广的军队比较随便，甚至连严格的组织队列都没有，驻扎的时候也只是找个有水草的地方，住下之后人人自便，夜里也不打更巡逻，军部里各种办事的规章案牍一切从简，但由于他能远放哨探，掌握敌情，所以也从未遭受过敌人的偷袭。程不识的军队不论行军扎营一切规章制度都很严格，夜里要打更巡逻，军部里的文吏们处理各种簿籍档案极其严明，全军都得不到休息，因此他的军队也未曾遭受过什么突然的侵害。程不识说：“李广的治军办法，极其简单省事，如果遇上敌人偷袭，恐怕就难以招架了；但他的士兵们生活得很快乐，因此大家都愿意为他拼命。我的治军虽然繁复，但敌人不可能对我发动突然袭击。”那时候，李广和程不识都是汉朝边郡上的名将，但是匈奴人特别怕李广的胆略，而士兵们也都乐于跟着李广而不愿意跟着程不识。程不识曾因为敢于直言劝谏，在景帝时期做过太中大夫，为人廉洁，谨守规章法度。

原 文

后汉以马邑城诱单于[①]，使大军伏马邑旁谷，而广为骁骑将军，领属护军将军[②]。是时单于觉之，去，汉军皆无功。其后四岁，广以卫尉为将军，出雁门击匈奴。匈奴兵多，破败广军，生得广。单于素闻广贤，令曰：“得李广必生致之。”胡骑得广，广时伤病，置广两马间，络而盛卧广。行十馀里，广详死，睨其旁有一胡儿骑善马，广暂腾而上胡儿马[3]，因推堕儿，取其弓，鞭马南驰数十里，复得其馀军，因引而入塞。匈奴捕者骑数百追之，广行取胡儿弓[4]，射杀追骑，以故得脱。于是至汉，汉下广吏。吏当广所失亡多[5]，为虏所生得，当斩，赎为庶人。

注释

①汉以马邑城诱单于：事在汉武帝元光二年（公元前133年）。汉使马邑下人聂翁壹假装出卖马邑城来引诱单于，单于信之入关。汉在马邑伏兵三十余万，准备伏击，结果被匈奴发觉，汉军徒劳无功。

②领属：归某人所统领。护军将军：即韩安国。

③暂腾：突然跃起。

④行：顺手，随即。

⑤当：判处。

译文

后来汉朝用假装出卖马邑城的办法企图引诱匈奴单于上钩，而把大批汉军埋伏在马邑周围的山沟里，李广以骁骑将军的身份参加了这次行动，属护军将军韩安国统领。不料汉军的这次阴谋被匈奴单于所发觉，把军队撤回去了，因此汉军无功而返。又过了四年，李广以未央宫卫尉的身份为将军，率兵出雁门关讨伐匈奴。不料遇到了匈奴的大军，结果汉军被击败，李广也被俘虏了。匈奴单于早就知道李广是一员名将，因此他下过命令："如果遇到李广，一定要抓活的。"匈奴人捉到李广后，李广当时正害着病，同时又受了伤，于是匈奴人就在两匹马之间拴了一个网床，让李广躺在上边。李广躺着一直装死不动，等到走出了十几里，他斜着眼偷偷瞧见身边有个匈奴人骑着一匹好马，于是他就一跃而起，跳到了这个匈奴人的马上，夺过了他的弓箭，把他推到了马下，然后快马加鞭一口气向南跑了几十里，找到了自己的残部，领着他们返回关内。当时有几百个匈奴骑兵在后面追赶李广，李广就用他夺来的那张弓回身射死了追上来的人，终于得以脱身。李广回来后，朝廷把李广交给军法处审判，军法处判定李广损失士卒众多，且又自身被俘，应当斩首，但允许李广出钱赎罪，因而得以免死，成了普通百姓。

原　文

顷之，家居数岁。广家与故颍阴侯孙屏野居蓝田南山中射猎①。尝夜从一骑出，从人田间饮。还至霸陵亭，霸陵尉醉，呵止广。广骑曰：“故李将军。”尉曰：“今将军尚不得夜行②，何乃故也！”止广宿亭下。居无何，匈奴入杀辽西太守，败韩将军。后韩将军徙右北平，死，于是天子乃召拜广为右北平太守。广即请霸陵尉与俱，至军而斩之。

注　释

①屏野：摒除人事而居于山野。

②今将军：现任的将军，与“故（前）将军”相对而言。

译　文

很快，李广在家里闲居了几年。李广家居的这几年里，常常和颍阴侯灌婴的孙子隐居在长安以南的蓝田县山中打猎。有一天夜里李广带着一个随从外出，和他的一个朋友在田间饮酒。回来经过霸陵亭，正好遇到了喝醉酒的霸陵县尉，他呵责李广为什么犯夜，并要拘留他。这时李广的从人连忙解释说：“这位是前任的李将军。”县尉说：“就是现任的将军也不许夜行，更何况你是个卸了任的将军！”于是硬把李广扣留了一宿。过了不久，匈奴人进犯辽西，杀了辽西太守，打败了韩安国的守军。又过了不久，朝廷调任右北平太守的韩安国呕血死了，于是武帝就任命李广做了右北平太守。李广接到任命后就向朝廷请求调那个霸陵县尉到他部下，一到军中，李广就把他杀了。

原 文

广居右北平，匈奴闻之，号曰“汉之飞将军”，避之数岁，不敢入右北平。

译 文

李广在任右北平太守的时候，匈奴人都知道他，称李广为“汉朝的飞将军”，一连几年躲避他，不敢进犯右北平。

原 文

广出猎，见草中石，以为虎而射之，中石没镞[①]，视之石也。因复更射之，终不能复入石矣。广所居郡闻有虎，尝自射之。及居右北平射虎，虎腾伤广，广亦竟射杀之。

注 释

①中石没镞：古代早有善射者射石的传说，李广此事大概也只是传闻。镞，箭头。

译 文

有一次李广外出射猎，误将草丛中的一块巨石看成了老虎，他抽箭就射，整个箭头都射到石头里去了，近前一看，才知道是石头。李广开弓再射，却再也射不进去了。李广在各郡只要听说哪里有老虎，总是亲自去射。后来在右北平射虎时，老虎跳起来咬伤了他，但最后李广还是射死了这只老虎。

原 文

广廉，得赏赐辄分其麾下，饮食与士共之。终广之身，为二千石四十馀年[①]，家无馀财，终不言家产事。广为人长，猨臂，其善射亦天性也，虽其子孙他人学者，莫能及广。广讷口少言[②]，与人居则画地为军陈[③]，射阔狭以饮[④]。专以射为戏，竟死。广之将兵，乏绝之处[⑤]，见水，士卒不尽饮，广不近水；士卒不尽食，广不尝食。宽缓不苛，士以此爱乐为用。其射，见敌急[⑥]，非在数十步之内，度不中不发，发即应弦而倒。用此，其将兵数困辱，其射猛兽亦为所伤云[⑦]。

注释

①为二千石四十馀年：李广在朝为卫尉、郎中令，在边郡历任太守，皆可大体谓“二千石”。

②讷口：说话笨拙，不善言辞。

③陈：同“阵”。

④射阔狭：比赛看谁射得准。阔狭，指实际着箭点与预定着箭点的距离大小。

⑤乏绝：谓缺粮少水之时。

⑥见敌急：“急”字疑衍。

⑦亦为所伤云：这段文字很像文章的结尾，而实际上后面还有一半，很可能前文是初稿，后来加以续写，留下了这样的痕迹。

译文

李广为人廉洁，得到了赏赐总是全都分给他的部下，吃的喝的也都是和士兵们一起分享。他一辈子当了四十多年二千石的官，到头来家中没攒下一点钱财，而他自己也从来不提家产的事。李广个子很高，胳膊也长，他那射箭的绝技也确实是出于天性，别的人即使是他的子孙学射箭，都没有一个能赶上他的。他言语迟钝，平常很少说话，和别人在一起时总喜欢画地为阵，比赛谁射箭射得准，输了的罚酒，一

直到死都是这个习惯。他一生带兵东奔西走，每遇到缺水乏粮的时候，看见水，只要还有士兵没有喝上水他就决不喝水；只要还有士兵们没有吃到东西他就决不吃东西。他待人宽厚和气，因此大家都乐于为他效力。他射箭，每逢遇到敌人，非等到相距只有几十步，不能射中的话他就不射，一旦开弓，敌人肯定是应弦而倒。但也正因为这个，他也不止一次被敌人搞得很狼狈，射猛兽的时候也曾被猛兽所伤。

原 文

居顷之，石建卒，于是上召广代建为郎中令[①]。元朔六年，广复为后将军，从大将军军出定襄[②]，击匈奴。诸将多中首虏率[③]，以功为侯者，而广军无功。后二岁，广以郎中令将四千骑出右北平，博望侯张骞将万骑与广俱，异道[④]。行可数百里，匈奴左贤王将四万骑围广[⑤]。广军士皆恐，广乃使其子敢往驰之。敢独与数十骑驰，直贯胡骑[⑥]，出其左右而还，告广曰："胡虏易与耳[⑦]。"军士乃安。广为圜陈外向[⑧]，胡急击之，矢下如雨。汉兵死者过半，汉矢且尽。广乃令士持满毋发，而广身自以大黄射其裨将[⑨]，杀数人，胡虏益解[⑩]。会日暮，吏士皆无人色，而广意气自如，益治军。军中自是服其勇也。明日，复力战，而博望侯军亦至，匈奴军乃解去。汉军罢[⑪]，弗能追。是时广军几没，罢归。汉法，博望侯留迟后期，当死，赎为庶人；广军功自如，无赏。

注 释

①郎中令：当时的"九卿"之一，统领皇帝侍从，及守卫宫门，实际是宫廷事务之总管。

②大将军：武帝时的"大将军"地位崇高，虽名义上位在丞相之下，其权宠实在丞相之上，且与皇帝亲近，常在宫廷与皇帝决定大计，时称"内朝"。这里的"大将军"指卫青。

③中：符合。率：标准，规定。

④异道：各走各的路，即分两路出征匈奴。

⑤左贤王：匈奴大单于下面的两个最高官长之一，襄助大单于处理国事。居匈奴之东部。

⑥贯：直穿。

⑦易与：容易对付。此处写李敢的少年勇猛，亦在于衬托李广。

⑧圜陈外向：因李广军处十倍于己的敌人包围中，需四面应敌，故列为圆阵，矛头一齐向外。圜，同“圆”。陈，同“阵”。

⑨大黄：一种可以连发的大弓。

⑩益解：渐渐散去。或可释为“渐懈”。

⑪罢：通“疲”，疲惫。

译文

又过了一些时候，石建死了，于是武帝把李广召回接替石建做了郎中令。元朔六年，李广又以后将军的身份，跟随大将军卫青出定襄讨伐匈奴。在这次出征中许多将领都因为杀敌够数论功被封了侯，唯独李广落了个劳而无功。又过了两年，李广又以郎中令的身份率领四千骑兵从右北平出发讨伐匈奴，这时博望侯张骞也率领着一万多人同时出征，各人分兵而行。李广的部队进入了匈奴地界几百里后，突然被匈奴左贤王率领的四万骑兵包围了。这时，李广的部下都十分恐慌，李广就派他的儿子李敢先去冲击一下敌人。李敢带领着几十名骑兵跃马冲入了敌阵，在敌阵中从腹到背、从左到右，穿了个大十字后回来了，向李广报告说：“这些匈奴人容易对付！”看到这种情景，军心才稳定下来。于是李广把自己的四千人排成一个圆阵，以对付四面围上来的敌人。匈奴人对李广的军队发起猛攻，一时间箭如雨下，四千人被射死一多半，而自己的箭也快要射光了。于是李广命令士兵们搭上箭，拉开弓，但不要射出；他自己则用一种大黄弩，一连射死了匈奴的几个偏将，其余的人吓得纷纷后退。这时天已经黑了下来，李广的部下个个面无人色，唯独李广仍然意气风发，镇定自如。他把队伍又整顿了一下，准备继续战斗。从此人们是真的佩服李广的勇敢胆略。第二天，他们又接着顽强地作战，这时博望侯张骞的军队也到了，匈奴人才向北撤去。而汉军则因为疲惫已极，已经无力追击了。这一次李广的部队几乎全军覆没，回来之后，依照朝廷的法律，博望侯张骞由于未能按时到达，判处死刑，张骞出钱赎罪，被革职为民；李广的军功和失败的罪责相等，因此也没有受到任何赏赐。

原　文

初，广之从弟李蔡与广俱事孝文帝。景帝时，蔡积功劳至二千石①。孝武帝时，至代相。以元朔五年为轻车将军，从大将军击右贤王，有功中率，封为乐安侯。元狩二年中，代公孙弘为丞相。蔡为人在下中②，名声出广下甚远，然广不得爵邑③，官不过九卿；而蔡为列侯④，位至三公⑤，诸广之军吏及士卒或取封侯。广尝与望气王朔燕语⑥，曰："自汉击匈奴而广未尝不在其中，而诸部校尉以下，才能不及中人，然以击胡军功取侯者数十人，而广不为后人，然无尺寸之功以得封邑者，何也？岂吾相不当侯邪⑦？且固命也？"朔曰："将军自念，岂尝有所恨乎⑧？"广曰："吾尝为陇西守，羌尝反，吾诱而降，降者八百馀人，吾诈而同日杀之。至今大恨独此耳。"朔曰："祸莫大于杀已降，此乃将军所以不得侯者也。"

注　释

①积功劳：此即俗所谓"没有功劳也有苦劳"，即凭着年头、资历而得升迁。至二千石：指其为代相。当时的诸侯国相秩二千石。

②下中：下等里的中等，盖将人分为九等以排列之也。

③不得爵邑：意即未得裂土封侯。爵，勋级。邑，封地。

④列侯：亦称"彻侯""通侯"，封有一定领地，较无领地的"关内侯"地位高。

⑤三公：指丞相、太尉、御史大夫。

⑥望气：古人认为觇望一个地方的云气，可以判断有关人事的吉凶祸福。燕语：闲谈。燕，安闲，从容。

⑦相：面相。

⑧恨：遗憾，后悔。

当初，李广和他的堂弟李蔡一同在文帝驾前奉侍。到景帝在位时，李蔡已经慢慢升迁到了二千石之官。武帝即位后，李蔡先是做了代国的丞相。元朔五年又以轻车将军的身份跟随大将军卫青出击匈奴右贤王，由于功劳够格，被封为乐安侯。到元狩二年，竟接替公孙弘做了丞相。李蔡的人品，只是个下中等，名声比李广差远了，然而李广一辈子也没有得到封爵领地，官位最高没有超过九卿；而李蔡却被封了侯，官阶也到了“三公”。李广部下的不少军官甚至士兵后来也封了侯。有一次，李广和一个望气的术士王朔闲谈，他对王朔说：“自从汉朝讨伐匈奴开始，我几乎没有一次战斗没有参加。诸部校尉以下，一些人有的才能还够不上中等，然而已经有几十个靠着讨伐匈奴的军功封侯了；而我哪一条也不比他们差，可是直到今天竟没有得到尺寸之地的封赏，这是为什么呢？是我的骨相不该封侯呢？还是命里注定的呢？”王朔说：“您好好回想一下，您曾经做过什么让自己后悔的事吗？”李广说：“我在做陇西太守的时候，羌人曾经谋反。我引诱他们投降，有八百多人已经投降了，但我欺骗了他们，在当天就把他们都杀了。我至今最后悔的就是这件事。”王朔说：“杀害已经投降的人，是一种最大的阴祸，这就是您不得封侯的原因。”

原　文

后二岁，大将军、骠骑将军大出[①]，击匈奴。广数自请行，天子以为老，弗许；良久乃许之，以为前将军。是岁，元狩四年也[②]。

注释

①骠骑将军：此指霍去病，卫青的外甥。骠骑将军位次仅低于大将军。大出：大规模出兵。

②“是岁”二句：特别提时间，以突出下面所叙事件的重要，以及作者对此事件的深沉感慨。

译文

又过了两年，大将军卫青、骠骑将军霍去病率领大军大规模出击匈奴，李广多次请求参战，武帝认为他老了，开始时不答应；后来总算答应了，派他做了前将军。这一年，是汉武帝元狩四年。

原文

广既从大将军青击匈奴，既出塞，青捕虏知单于所居，乃自以精兵走之，而令广并于右将军军，出东道[①]。东道少回远[②]，而大军行水草少，其势不屯行[③]。广自请曰：“臣部为前将军，今大将军乃徙令臣出东道；且臣结发而与匈奴战[④]，今乃一得当单于，臣愿居前，先死单于。”大将军青亦阴受上诫，以为李广老，数奇[⑤]，毋令当单于，恐不得所欲。而是时公孙敖新失侯[⑥]，为中将军从大将军[⑦]，大将军亦欲使敖与俱当单于[⑧]，故徙前将军广。广时知之，固自辞于大将军[⑨]。大将军不听，令长史封书与广之莫府[⑩]，曰：“急诣部[⑪]，如书。”广不谢大将军而起行[⑫]，意甚愠怒而就部，引兵与右将军食其合军出东道。军亡导[⑬]，或失道[⑭]，后大将军。大将军与单于接战，单于遁走，弗能得而还。南绝幕[⑮]，遇前将军、右将军。广已见大将军，还入军[⑯]。大将军使长史持糒醪遗广[⑰]，因问广、食其失道状，青欲上书报天子军曲折。广未对，大将军使长史急责广之幕府对簿[⑱]。广曰：“诸校尉无罪，乃我自失道，吾今自上簿。”

注释

①出东道：作为卫青大军的右翼，在东侧北进。

②少：稍，略，意即较中路绕远。

③其势不屯行：两相衡量，可知东侧部队肯定要迟到，因此急于求战的李广不愿走东路。

④结发：犹言刚成人。古代男子二十岁束发戴冠，从此算作成人。

⑤数奇：运气不好。数，命运。奇，不偶，不逢时。

⑥公孙敖：卫青穷困时的朋友，陈皇后因嫉恨卫子夫而逮捕卫青欲杀之。当时公孙敖为骑郎，他与壮士拼死将卫青劫出，卫青始得不死。新失侯：武帝元狩二年（公元前121年），公孙敖率兵伐匈奴，因迟到未与霍去病按时会师，当斩，贬为庶人。

⑦为中将军从大将军：据《卫将军骠骑列传》，公孙敖此行乃以“校尉”从大将军，此处作“中将军”，殆误。

⑧大将军亦欲使敖与俱当单于：此见卫青之偏心。

⑨自辞：自己陈述。

⑩长史：丞相、大将军手下的近身属官。封书：将命令封好。莫府：同“幕府”，将军的营帐，这里即指军部。

⑪诣：去。

⑫不谢：不告辞。

⑬军亡导：军中没有向导。亡，无，没有。

⑭或：同“惑”。

⑮绝：横穿，横渡。幕：同“漠”。

⑯还入军：回到自己军中去了。可见其气愤难平。

⑰糒：干饭。醪：浓酒。

⑱大将军使长史急责广之幕府对簿：“使”字疑是衍文。对簿，回答质问。卫青不一定有意害李广，而太史公写得隐隐约约，使人不能不疑，可见司马迁对卫青之厌恶。

译文

李广跟着卫青攻打匈奴到达塞北后，他们从捕获的俘虏口中得知了匈奴单于住在什么地方，于是卫青就想自己率着精锐部队，直扑匈奴单于。他命令李广带着他的部下合并到右将军赵食其的东路上去。东路本来就有些绕远，而卫青的主力部队所走的中路水草少，路上势必昼夜兼程，不能停留。于是李广请求说："我是前将军，您现在却让我并入东路；我从二十来岁起就和匈奴打仗，今天好不容易才能碰上匈奴单于，我愿意打头阵，今天即使战死我也心甘情愿。"可是早在出发之前，汉武帝就暗中嘱咐卫青了，他说李广一来年岁大，二来这个人运气不好，不要让他和单于对阵，否则恐怕就实现不了我们的目标了。这时也正好卫青的好友公孙敖刚刚丢掉了侯爵，正以中将军的身份跟着卫青出征，卫青也正想让公孙敖和他一道直扑单于，好给他个重新封侯的机会，所以他打定主意调走李广。李广心里都清楚，但他还是一再向卫青请求。卫青不听，后来他干脆派他的长史直接把命令送到了李广的军部，并催促李广说："请你马上按照命令到右将军军部报到！"李广也没向卫青告辞，就满腔怒气地回到了自己的军部，率领部队合到赵食其的右路军上去了。结果右路军没有向导，半道上迷了路，没能按时到达前线，以至于卫青的中路军与单于开战后，单于发觉形势不利，就撤军逃跑了，卫青此行遂一无所获。当卫青率领大军回师向南越过沙漠之后，才遇到了李广和赵食其。李广和卫青见了一下面，什么话也没说就回到了自己的军部。卫青派他的长史把干饭和浓酒送给李广，并向李广和赵食其询问军队迷路的情况，说是自己要向皇帝上报这次出兵不利的原委。李广置之不理，于是卫青就让他的长史严厉地责问李广的部下，逼着他们交代事实。李广说："我的部下们都没有过错，军队迷路是我的责任，我现在自己向皇上呈报。"

原文

至莫府[①]，广谓其麾下曰；"广结发与匈奴大小七十馀战，今幸从大将军出接单于兵，而大将军又徙广部行回远，而又迷失道，岂非天哉[②]！且广年六十馀矣，终不能复对刀笔之吏[③]。"遂引刀自刭。广军士大夫一军皆哭，百姓闻之，知与不知，无老壮皆为垂涕。而右将军独下吏，当死，赎为庶人。

注释

①至莫府：李广回到自己的军部。

②岂非天哉：李广一生蹭蹬，至六十多岁自请出塞，欲借卫青成大功，不料反受其害。观其“幸从大将军”“又徙广部”等语，饮恨无穷。

③刀笔之吏：指掌管文书、案牍的人员。但通常多以“刀笔吏”称司法部门的文职人员，因这些人舞文弄墨，足以颠倒黑白，为非作歹。

译文

李广回到军部，对自己的部下说：“我从年轻时到现在与匈奴打了大小七十余仗，这次好不容易跟着大将军出来碰上匈奴单于，谁想到大将军又偏偏把我调到了一条绕远的路上，而我们自己又偏偏地迷了路，这不是天意吗？我已经是六十多岁的人了，无论如何我也不能再去与那些刀笔吏们对质争辩。”于是他拔刀自刎而死。李广部下的官兵们都为自己的将军伤心痛哭，百姓们听到这个消息后，不论认识的还是不认识的，不论老幼，也都为这位名将落了泪。右将军赵食其接受了审判，被定为死刑，后自己出钱赎死做了百姓。

太史公自序

原文

迁生龙门[①]，耕牧河山之阳[②]。年十岁则诵古文[③]。二十而南游江、淮，上会稽[④]，探禹穴[⑤]，窥九嶷[⑥]，浮于沅、湘[⑦]；北涉汶、泗[⑧]，讲业齐、鲁之都[⑨]，观孔子之遗风，乡射邹峄[⑩]；厄困鄱、薛、彭城[⑪]，过梁、楚以归[12]。于是迁仕为郎中[13]，奉使西征巴、蜀以南[14]，南略邛、筰、昆明[15]，还报命。

注释

①龙门：山名，在今陕西韩城东北、山西河津城西北十二公里的黄河峡谷中，原称“龙门”，也称“禹门”。

②河山之阳：这里指龙门山之南，黄河的西北岸。

③古文：指先秦流传下来的用“古文”所写的六国书籍。秦朝统一前，东方六国所用的文字称作“古文”。

④会稽：山名，在今浙江绍兴南。

⑤禹穴：会稽山上的一个洞穴。相传禹曾进去过，故称“禹穴”。

⑥九嶷：山名，在今湖南道县东南，其山有九峰，皆相似，故称“九嶷”。相传舜巡狩至此而死，遂葬焉。

⑦浮于沅、湘：意即乘船到达过沅水、湘水流域。

⑧北涉汶、泗：向北到达过汶水、泗水。古汶水在今山东境内。古泗水流经今山东泗水、曲阜，南入江苏，汇入淮水。

⑨讲业：讲习儒家的学业。齐、鲁之都：齐都临淄，在今山东淄博之临淄区东北；鲁都即今山东曲阜。

⑩乡射：儒家所讲究的古礼之一。邹峄：邹县的峄山。

⑪厄困鄱、薛、彭城：司马迁在此有何“厄困”，史无明文。鄱，同“蕃”，即今山东滕县。薛，在今山东滕县南。彭城，即今江苏徐州。

⑫过梁、楚以归：前已言及“彭城”，彭城即楚国，此又云“过梁楚”，“梁”下似不宜再出“楚”字。梁是汉代的诸侯国，国都睢阳（今河南商丘南）。近来有人以为“楚”或指陈涉为“张楚王”时的都城陈县，即今之河南淮阳。

⑬郎中：皇帝的侍从人员，上属郎中令。

⑭奉使西征巴、蜀以南：事在武帝元鼎六年（公元前111年）。是年武帝平定西南夷，在今云南、贵州以及四川南部新设了武都、牂柯、越巂、沈黎、文山五个郡，故派司马迁前往考查。巴、蜀，汉郡名，巴郡的郡治江州（今重庆西北），蜀郡的郡治即今四川成都。

⑮略：行视，视察。邛：邛都，在今四川西昌东，当时为越巂郡的郡治所在地。笮：笮都，在今四川汉源东北，当时为沈黎郡的郡治所在地，后来并入蜀郡。昆明：古地区名，在今云南昆明西，当时属于归汉的滇王，后来设为益州郡，郡治在今云南晋宁县东北。

译文

司马迁出生在龙门，曾在龙门山南过了一段耕田和放牧的生活。十岁时开始学习古文。二十岁开始南下游历，先后曾到过江淮一带，还上过会稽山，探访过禹穴，又到过九嶷山，瞻仰舜的坟墓，而后乘船到过沅水和湘水；接着又北上到了汶水、泗水，在齐、鲁的旧都临淄、曲阜游过学，领略了孔子的遗风，还到邹县的峄山参加过那里的乡射活动；后来路经鄱县、薛县、彭城时，遇到了一些麻烦，吃过一些苦头，最后经过梁国、楚国回到了家乡。回来后不久就进京做了郎中，又奉命出使去了巴、蜀以南，到过邛都、笮都、昆明，然后才返回复命。

▲ 司马迁

原文

是岁天子始建汉家之封①，而太史公留滞周南②，不得与从事③，故发愤且卒。而子迁适使反，见父于河、洛之间。太史公执迁手而泣曰：“余先周室之太史也。自上世尝显功名于虞夏，典天官事。后世中衰，绝于予乎？汝复为太史，则续吾祖矣。今天子接千岁之统[4]，封泰山，而余不得从行，是命也夫，命也夫！余死，汝必为太史；为太史，无忘吾所欲论著矣[5]。且夫孝始于事亲，中于事君，终于立身。扬名于后世，以显父母，此孝之大者。夫天下称诵周公，言其能论歌文、武之德[6]，宣周、邵之风[7]，达太王王季之思虑[8]，爰及公刘[9]，以尊后稷也[10]。幽、厉之后[11]，王道缺，礼乐衰[12]，孔子修旧起废，论《诗》《书》[13]，作《春秋》[14]，则学者至今则之。自获麟以来四百有馀岁[15]，而诸侯相兼，史记放绝[16]。今汉兴，海内一统，明主贤君忠臣死义之士，余为太史而弗论载，废天下之史文，余甚惧焉，汝其念哉！”迁俯首流涕曰：“小子不敏，请悉论先人所次旧闻[17]，弗敢阙。”

注 释

①是岁：即武帝元封元年（公元前 110 年）。始建汉家之封：开始进行汉朝的首次封禅活动。到泰山峰顶增土祭天称作“封”，在泰山下面的某小山拓土祭地称作“禅”。

②周南：即洛阳一带。

③不得与从事：司马谈任太史令，封禅活动是他所在部门的应管之事；司马谈还亲自参加过有关封禅礼仪的制订，故而深以不能参与此次活动为憾。

④接千岁之统：据《封禅书》，西周初年周成王曾登封泰山，自周成王（公元前 11 世纪）到武帝元封元年，相隔九百多年，此云“千岁”是约举成数。

⑤吾所欲论著：即指写《史记》。

⑥论歌文、武之德：旧说今《诗经》中的《文王》《大明》《文王有声》以及《尚书》中的《牧誓》等歌颂文王、武王功业的作品皆为周公

所作。

⑦邵：同“召”，即指召公，名奭，周公之弟。

⑧太王：即古公亶父，周文王的祖父，后被追尊为“太王”，《诗经》中的《绵》即为歌颂太王而作。王季：名季历，太王之子，文王之父，后被称“王季”，《诗经》中的《皇矣》即为歌颂王季而作。

⑨公刘：周族的远辈祖先，由于发展农业，使周族从此兴盛。《诗经》中有《公刘》篇即歌颂其功业者。

⑩后稷：名弃，周族的始祖，以发展农业之功被舜封为“后稷”。《诗经》中有《生民》，即演说后稷之事。

⑪幽、厉之后：即指东周以来。幽、厉，周幽王、周厉王，都是西周的昏君。

⑫王道缺，礼乐衰：即礼崩乐坏，西周前期的“王道”秩序不复存在。

⑬论《诗》《书》:《诗》《书》原是学官里的两种传统教材，孔子重新予以解释、阐发。

⑭作《春秋》：司马迁采用孟子以及汉代公羊学家的说法，认为《春秋》是孔子所作，而且把《春秋》的思想说得极其玄妙；但孔子自己没有说过此事，相反孔子一直声称自己是“述而不作”的，今人多不取这种说法。

⑮获麟：指鲁哀公十四年（公元前481年）西狩获麟事，孔子对此伤心慨叹，其《春秋》的写作也就从此搁笔了。四百有馀岁：获麟至元封元年，凡三百七十二年。

⑯史记放绝：指各国写的历史书丢失散乱。史记，泛指历史书。

⑰论：演绎，阐发。次：编排，排列。据此可知司马谈当时已经编写了部分书稿，或者至少已经编排了许多资料，故司马迁如是说。

译文

就在这一年，汉武帝第一次去泰山举行汉朝的封禅大典，而司马谈因为有病走到洛阳时只好留下来，不能跟着去参加了，他又遗憾、又生气、病情加重快要死了。正好他的儿子司马迁出使回来，父子俩在洛阳见了面。司马谈拉着儿子的手流着眼泪说："我们的祖先曾经是周朝的太史。再早的先人在虞舜夏禹的时代就曾有过显赫的功名，主管天文。后来半道上衰落了，难道在我们这里就让它断了吗？如果今后你能再当上太史令，那就继承我们祖先的事业吧。当今皇帝上接千年来已经断绝的大典，到泰山去祭天，可我却不能跟着去，这不是命吗！这不是命吗！我死后，估计你一定会做太史令；你做了太史令，千万不要忘记我想写的那部著作。孝道的最浅层次是侍奉父母，中间层次是侍奉国君，最高层次是建立功名，使自己名扬后世，连父母也跟着光荣，这才是最大的孝道。自古以来人们赞扬周公，就因为他能够歌颂文王、武王的功德，使自己和召公的风教普行于天下，他发挥了太王、王季的思想，并向上一直追溯到公刘，推尊到始祖后稷。自从幽王、厉王以来，王道不昌，礼崩乐坏，孔子整理了旧时的文献，振兴了已被时人废弃的礼乐，他讲述了《诗》《书》，撰写了《春秋》，直到今天，学者们还把它视为行为的准则。从鲁哀公获麟孔子的写作搁笔到今天又有四百多年了，由于各国的兼并战乱，当时的历史书都已散失断绝。当今汉朝建立，国家统一，明主贤君、忠臣义士的事迹很多，我们身为史官，如果不能把他们写下来，造成历史文献的荒废，那是我所忧惧的，你一定要好好注意这件事！"司马迁低着头，流着泪说："我虽然不聪明，但我一定要把您已经收集整理的资料写成著作，决不能让它有半点缺失。"

原文

卒三岁而迁为太史令①，䌷史记石室金匮之书②。五年而当太初元年③，十一月甲子朔旦冬至④，天历始改⑤，建于明堂⑥，诸神受纪⑦。

注释

①卒三岁：指元封三年（公元前108年）。

②紬史记石室金匮之书：句子不顺，意即大量阅读石室金匮之史记。紬，即“籀”字，亦作“抽”。《说文》：“籀，读书也。”

③五年而当太初元年：意谓司马迁任太史令后的第五年是太初元年（公元前104年）。

④十一月甲子朔旦冬至：十一月初一是甲子日，这天的早晨交冬至节。

⑤天历始改：从这天开始使用新历法，即所谓“太初历”。

⑥建：立。这里指颁行。明堂：儒家传说的一种古代建筑。

⑦诸神受纪：改历于明堂，班之于诸侯。诸侯，群神之主，故曰“诸神受纪”。受纪，即接受新历法。

译文

司马谈去世三年后，司马迁果然做了太史令，于是他就开始阅读国家图书馆里收藏的那些图书档案。又过了五年，也就是太初元年，这一年的十一月初一即甲子日凌晨冬至，国家颁布了新历法，在明堂里举行了典礼，各地的诸侯们都一体遵照实行。

原文

太史公曰[①]：“先人有言：‘自周公卒五百岁而有孔子。孔子卒后至于今五百岁[②]，有能绍明世[③]，正《易传》[④]，继《春秋》[⑤]，本《诗》《书》、《礼》《乐》之际？’意在斯乎！意在斯乎！小子何敢让焉。”

注释

①太史公曰：此“太史公”乃司马迁自指。

②孔子卒后至于今五百岁：云“五百岁”者，此以祖述之意相比，所

谓断章取义，不必以实数求也。

③有能，意即“孰能”。绍：接续，继承。

④正《易传》：孔子作过《易传》，因历年久远，传写讹误，故需订正而用之。

⑤继《春秋》：司马迁认为《春秋》是孔子所作，今欲效孔子的《春秋》以写《史记》，故曰“继”。

译文

司马迁说：“我父亲曾说过：‘周公死后五百年，出了孔子。孔子死后到现在又有五百年了，有谁能继承并发扬古代圣人的事业，订正理解《易传》，能接续着孔子的《春秋》，依据着《诗》《书》《礼》《乐》的本质意义，来写一部新的著作呢？’说不定这个人就在眼前吧！就在眼前吧！我怎么能推让呢？”

原文

于是论次其文[①]。七年而太史公遭李陵之祸[②]，幽于缧绁[③]。乃喟然而叹曰：“是余之罪也夫！是余之罪也夫！身毁不用矣。”退而深惟曰[④]：“夫《诗》《书》隐约者，欲遂其志之思也。昔西伯拘羑里，演《周易》[⑤]；孔子厄陈、蔡，作《春秋》[⑥]；屈原放逐，著《离骚》；左丘失明，厥有《国语》[⑦]；孙子膑脚，而论兵法[⑧]；不韦迁蜀，世传《吕览》[⑨]；韩非囚秦，《说难》《孤愤》[⑩]；《诗》三百篇，大抵贤圣发愤之所为作也[⑪]。此人皆意有所郁结[⑫]，不得通其道也，故述往事，思来者。”于是卒述陶唐以来[⑬]，至于麟止[⑭]，自黄帝始。

注释

①论次：阐述，编排。

②七年：指天汉三年（公元前98年）。司马迁自太初元年（公元前

104年）开始写《史记》，至天汉三年共七年。太史公遭李陵之祸：指天汉二年（公元前99年）李陵征匈奴兵败被俘，司马迁因议论李陵事下狱，而于天汉三年受宫刑事。

③缧绁：捆绑犯人的绳索。

④深惟：深思。

⑤“昔西伯”二句：司马迁说是周文王被殷纣王囚于羑里（今河南汤阴北）的时候，将《周易》的八卦推衍成了六十四卦，后人对此说多有怀疑。西伯，即周文王。

⑥“孔子”二句：孔子一生中曾有厄于陈、蔡（今河南淮阳与上蔡之间）及作《春秋》二事，但太史公一定要将二事联系起来，并说成因果关系，此其行文之需要。

⑦“左丘”二句：《国语》的作者，旧说曾认为是左丘明，但太史公乃曰“左丘失明，厥有《国语》”，不知何据。

⑧“孙子”二句：孙膑被庞涓断足后，逃到齐国，后率齐师破杀庞涓于马陵道，并有兵法传世。

⑨“不韦”二句：吕不韦在任秦国丞相时，曾召集宾客为之著述了一部《吕氏春秋》，后因事被秦王流放巴蜀，死于途中。

⑩“韩非”二句：韩非是战国末年韩国公子，其著作《说难》《孤愤》传到秦国后，大受秦王赞赏。秦王喜爱韩非的才华，将其召到秦国，后被李斯等所害。今史公为了抒情需要，故意将吕不韦、韩非的事情从时间上作了颠倒。

⑪“《诗》三百篇”二句：《诗经》是一部古代歌谣集，内容相当丰富，但说其作者大抵都是“贤圣”，说其内容大抵都是“发愤”之作，显然不合事实。

⑫郁结：郁闷，纠结。

⑬陶唐：指尧。

⑭至于麟止：《自序》记《史记》之断限有两说，一曰“于是卒述陶唐以来至于麟趾”，一曰“余历述黄帝以来至太初而讫”（见篇末），一篇之中所言全书起讫不同。这可能是因为司马谈为太史令时，最可纪念之事莫大于获麟，故讫“麟止”者是司马谈；及元封而后，司马迁继史职，则最可纪念之事莫大于改历，故“讫太初”者是司马迁。《太史公自序》一篇本来也是司马谈所作，司马迁修改之而未尽，故犹存牴牾之迹。

译文

于是司马迁就开始编排史料，进行评论，写成文章。写到第七年，由于李陵问题，司马迁遭了罪，被下在了牢狱里。于是他感叹说：“这是我的罪过吗？这是我的罪过吗？我的身体已经遭到了毁伤，恐怕再也干不成什么事情了！”可是转而进一步想，又说：“《诗》《书》之所以写得含蓄，不就是为了能表达作者的思想吗？当初周文王被囚禁在羑里时，演绎了《周易》；孔子在陈国、蔡国倒霉时，写了《春秋》；屈原由于被流放，写了《离骚》；左丘氏由于失明，写了《国语》；孙膑断了双腿，写了《兵法》；吕不韦流放巴蜀，写了《吕览》；韩非在秦国下狱，写了《说难》《孤愤》；《诗经》三百篇，大部分也都是圣贤们发愤写出来的。这些人都是因为有抱负，而又得不到施展，所以才通过写书来叙述往事，寄希望于后来的知音。”于是就叙述了上起唐尧、下至汉武帝获麟为止的历史，而第一篇则是从黄帝开始的。